KINZAI バリュー叢書

日本一わかりやすい海外M&A入門

杉山　仁［著］

一般社団法人 金融財政事情研究会

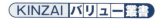

はじめに

あなたは事業会社の社長である。長い社歴を通じて積み上げてきた各部門の経験と社内外の人脈を生かし、社長就任以来、運にも恵まれて社業も隆盛である。あとどれくらい社長を続けられるかわからないが、一年、二年と着実に仕事を続け、後継者には自分が社長を引き継いだ時より、よい状態で経営を任せたい。

こう考えながら、真面目に社長業を続けてきたが、最近、突然、当社にとってはじめての海外買収案件が浮上してきた。将来の発展のためには、どうやら海外M&Aを進めたほうがよさそうである。海外買収を発表すれば、マスコミから注目を浴びるし、株価の上昇も期待できそうである。それに競合他社に対して優位に立てそうだ。

しかし、当社には海外M&Aの専門家はいないし、担当部門も少し心もとない。案件をもってきた投資銀行をアドバイザーとして、彼らに実務全般を任せたほうがいいだろうか。当社の業務をすみずみまで知り尽くしている自分も、海外M&Aについてはまったく経験がない。だが、経営会議や取締役会で、ある程度もっともらしいことをいわなければ、社長としての見識が問われる。さあ、どうしたらいいだろうか。

また、海外M&Aを担当することになったスタッフも、準備は怠りないのでM&Aの理論は知っているものの、実務上、発生しうる不測の事態に対する判断力には自信がない。外部のアドバイザーと共同で進めることになろうが、終身雇用の当社で買収完了後、数年して結果責任を問われるのは自分たちである。アドバイザーの言いなりにならないよう、実務に沿った、わかりやすい海外M&Aの入門書はないだろうか。

こうした企業人の要請に応えるために書かれたのが本書である。市販されている海外M&Aの解説書は専門的にすぎ、マスコミに取り上げられた大型案件ばかりを例に取り上げていて、海外M&Aにはじめて携わる事業会社の経営者や担当者にとってわかりにくいものが多い。一読して海外M&Aの全体の流れとリスク管理のポイントをわかりやすく解説している本が少ないと感じている。

これは、海外M&Aの解説書を書く人のほとんどが、弁護士、会計士、投資銀行出身者といった専門家だからだと思われる。法律あるいは財務会計の専門家はM&Aにおいて、それぞれの専門分野についてアドバイスするのが仕事なので、当然ながら、弁護士は法律を、会計士は財務会計を中心に書くことになる。専門家が自分の専門分野のことを解説すると、事業会社のM&A担当者が知らなくてもさしつかえない深い知識や詳細な統計を盛り込むことになり、それがかえってM&Aの理解を妨げるのである。高度に専門的な知識は各分野の専門家が知っていればいいことであり、プロジェクトの管理にあたる当事者にとっては不要な事項も多い。

また、法律、会計の専門家でM&Aの入口から買収後経営にまで携わる人はそれほど多くはないだろう。金融機関のアドバイザーでも一つの海外M&A案件に入口(ターゲット探し)から出口(買収後経営)まで一貫して携わったことのある人はまずいないのではないだろうか。しかし、当事者はM&Aの入口から買収後経営まで全体の流れを把握し、理解しておく必要がある。とりわけM&Aを成功に導くには、買収後の経営という視点が必要不可欠である。ところが、大部の専門書には時間をかけて読んでもポイントがわからないものが多い。これはM&Aの入口から出口まで一人で体験した人が少ないからだと思う。

一部の超大手企業は別として、普通の事業会社にとって海外M&Aはまれな出来事であり、その知識と経験は社内に蓄積されていないか、蓄積されていても少ないのが一般的であろう。そこで、本書では細部にわたる法律、財務会計の詳細な説明はあえて避け、海外M&Aにはじめて取り組む事業会社の経営者と担当者が一時間から二時間で通読して全体の流れをつかめるように工夫した。また、海外M&Aの各ステップにおいて、筆者が実際に体験した具体例を通じてリスク回避策の解説を試みた。事業会社の経営者と担当者がアドバイザーの言いなりではなく、自分で納得しながら海外M&Aを進めていくことができるようになることを目的としている。

同時に、取引先の事業会社が海外M&Aに取り組むにあたり、提案・アドバイスする立場にある金融機関の役職員にとっても有益な情報を盛り込んだつもりだ。金融機関の担当者が取引先にアドバイスする場合には、具体例で説明すると理解されやすい。「実際にこういう事件も起きていますよ」と、リスク事例を紹介することによって顧客も納得するのである。また、金融機関が海外の優良売り案件を発掘するヒントについても触れておいた。海外の優良売り案件の情報を取引先に提供することは、金融機関が取引先との親密度を深めるために最も有効な方法の一つである。

なお、本書で海外M&Aとは、日本企業による経営権取得を目的とした外国企業の株式の買収を念頭に置く。経営権取得を伴わないマイノリティー出資や、いわゆるポートフォリオ投資は含まない。外国企業による日本企業の買収ではなく、いわゆる内→外（うちそと）のM&Aのみを対象としている。また、紹介するM&Aプロセスは欧米企業における一般的な慣行を前提としている。M＆Aは買手と売手の相対の交渉事なので、それぞれの国における法制および各種規制の範囲内であれば、実にさまざまな合意が可能である。進め方もこうしなければならないというものではなく、いろいろなバリエーションがありうることをあらかじめお断りしておきたい。

目　次

第2章　海外M&A失敗の原因

第3章　海外M&Aの実際

第4章 日本企業による海外M&Aの成功例

第1章

日本企業による海外M&Aの現状

1 なぜ海外M&Aか

近年、日本企業による海外M＆Aは金額、件数ともに増加傾向をたどり、二〇一五年には買収金額ベースで一一兆二〇〇〇億円に達した。これは前年実績五兆八〇〇〇億円の二倍近い金額で、リーマンショック前のピーク、二〇〇六年の八兆六〇〇〇億円を超えてしまった。二〇一六年に入っても買収金額の増加傾向は衰えず、七月にはイギリスの国民投票によるＥＵ離脱（ＢＲＥＸＩＴ）決定直後にソフトバンクが同国のアーム社を三兆三〇〇〇億円で買収した。同じ月にはコマツがアメリカの鉱山機械大手ジョイ・グローバルを三〇〇〇億円で買収すると発表し、一〇月には損害保険ジャパン日本興亜がアメリカの企業保険大手を六四〇〇億円で買収するというニュースが伝えられた。アサヒグループホールディングスは、世界最大のビール会社、ベルギーのアンハイザー・ブッシュ・インベブより、西欧のビール四社を一〇月に三〇〇〇億円、東欧五カ国のビール事業を一二月に八八〇〇億円で買収している。このように日本企業による大型海外M&Aの勢いには、ますます拍車がかかっている。日本企業による海外M&Aは二〇一六年通年では買収金額ベースで一〇兆四〇〇〇億円に達している。二〇一六年度の大企業による国内設備投資額は二六兆円に達する見通しだが（二〇一六年一一月二七日の日本経済新聞）、海外M&Aは日本の民間投資の主要な柱となりつつあるといってよいだろう。その背景としては、次のような要因があると考えられる。

(1) 内需産業の海外進出

日本経済が成熟し、少子高齢化が進むなかで、経済成長の低位安定傾向が続いているため、国内でのシェア拡大と成長には限界がある。売上と利益の持続的拡大を実現するためには、どの産業も海外市場に進出せざるをえない。特にこれまで安定した国内需要を基盤としていた内需型産業は、海外M&Aにより海外市場の開拓を進めていくことを迫られている。

代表例は保険業界である。保険業界は少子高齢化による国内市場縮小の影響をもろに受けるため、大手保険各社は、大型買収によって海外保険市場へ積極的に進出しようとしている。二〇〇八年以降、買収額五〇〇億円以上の大型案件だけでも、二〇〇八年三月の東京海上日動火災保険によるイギリスのキルン買収（一〇六一億円）を皮切りに、二〇一六年一〇月の損保ジャパン日本興亜によるアメリカの企業保険大手エンデュランス・スペシャルティ・ホールディングス買収（六四〇〇億円）まで大手六社で九件、合計三兆六〇〇〇億円に達する海外M&Aを実施している。相次ぐ海外M&Aの結果、東京海上ホールディングスでは収入保険料ベースで海外事業が五割近くに達している。

もう一つの代表例は住宅産業である。住友林業はアメリカとオーストラリアで現地の住宅分譲会社を子会社化し、海外での住宅販売に本格的に進出しており、海外売上比率は一五%に達している。大和ハウス工業は二〇一六年一〇月、アメリカ東海岸の戸建て住宅分譲会社を子会社化し、アメリカにおける戸建て住宅事業を本格化しようとしている。少子高齢化と結婚年齢の上昇により、国内の新築住宅需要は年間一〇〇万戸を割り、減少傾向が続いている。このため、大手住宅メーカーは今後も人口成長が見込めるアメリカとASEAN諸国で地元の住宅メーカーを買収し、海外での住宅分譲事業を拡大しようとしている。国によって消費者の好みや規制が異なるので、新規に進出する国では、自社でゼロからスタートするより、地場の住宅メーカーを買収するほうが安全で速いと考えられるからだ。

これまで安定した内需に頼っていた製紙業界も国内の紙需要の減少のため、海外M&Aにより海外市場への進出を加速している。金額的には大型ではないものの、業界首位の日本製紙は二〇一六年九月にアメリカの林業大手ウェアーハウザーの紙容器事業を約三〇〇億円で買収しており、今後も業界大手による海外M&Aは増えそうだ。

(2) 円高傾向

海外M&A急増のもう一つの要因は円高傾向であろう。二〇一六年六月のBREXITを契機として始まった円高は、世界経済の不透明感が高まるなか、安全資産である円に対する選好が強まったのが一因である。二〇一六年一一月にアメリカの大統領選でドナルド・トランプ勝利が確実になったことにより、一転してドルに対して円安傾向に転じたが、世界最大の対外純資産（二〇一六年三月末で三三九兆円。なお、二位はドイツの一九五兆円、三位は中国の一九二兆円）を二五年間連続で維持している日本の円に対する信認が揺らぐことはないだろう。

二〇一六年七月のＢＲＥＸＩＴ直後のソフトバンクによるイギリスのアーム社買収も、ポンド安が決断を促した面があるのではないだろうか。ポンドレートは二〇一六年年初一六〇円台で推移していたが、ＢＲＥＸＩＴ決定後は一三〇円台前半までポンド安、円高が進んだ。アーム社買収価格はポンド建てで二五〇億ポンドなので、三〇円の円高で円ベースでは実に七五〇〇億円も安く買えたことになる。このように円高傾向は、海外買収を検討する企業にとって買収決断を促す大きな要因となりうる。

円高によって円建ての買収価格が下がれば、買収資金の調達額が減少するばかりではなく、買手の貸借対照表の資産項目に計上されるのれん代（買収価格とターゲット企業の純資産額の差額）も少なくなる。のれん代は買収後、一定の期間（数年から最長二〇年）にわたって分割償却されるため、のれん代が少なくなれば毎年の償却費用も下がることになり、親会社の当期利益への負荷が減る。

また、円高の時に海外資産を買収しておけば、将来、買収時よりも円安に振れたときに海外資産に為替の含み益が生じ、それを売却すれば円建てで売却益を計上できる。売却せずに保有し続けた場合でも、海外子会社が利益をあげていれば子会社からの円換算後配当額が増加することを期待できる。

円高は日本の輸出企業にとっては減益要因だが、そのかわり、日本企業による海外M&Aにとってはいくつもの好条件をもたらすのである。

(3) 先進国でのM&Aが増加

さらに、ここ一、二年の傾向として、欧米先進国における日本企業による大型買収が目立つようになってきている。特に二〇一六年は日本企業による欧米での大型買収が続いた。発表された順に買収金額を列挙すると下の表のとおりとなる。

これは二〇一五年以降、中国経済の減速傾向が強まり、その影響が新興国に波及した結果、先進国経済の安定性と成長性が見直された結果でもあろう。先進国

2016年4月	アサヒビール／西欧ビール4社	3,000億円
4月	パナソニック／アメリカ・冷凍ショーケースメーカー	1,900億円
7月	ソフトバンク／イギリス・アーム社	3兆3,000億円
8月	コマツ／アメリカ・鉱山機械大手	3,000億円
10月	損保ジャパン／アメリカ・企業保険大手	6,400億円
12月	アサヒビール／東欧5カ国ビール事業	8,800億円

の経済規模は新興国より大きいので、当然、買収金額は増加することになる。もう一つの理由として、日本企業の大型化が進んだ結果、世界の市場で日本の大手企業の競合相手となるのは欧米の一部企業に限られてきたという事情もある。

(4) 国際会計基準（IFRS）導入の動き

ここ二年から三年の間に、財務諸表作成にあたり国際会計基準（International Financial Reporting Standard：ＩＦＲＳ）を採用する日本企業が増えている。国際会計基準を導入したか、もしくは導入を決めた上場企業が一〇〇社を突破し、時価総額ベースでは三割に達すると報じられている（二〇一六年三月六日の日本経済新聞）。

日本企業がＩＦＲＳを採用する最大のメリットは買収した企業ののれん代の定期償却が不要となることにあるというのが、会計の専門家の意見である。会計制度の変更が日本企業の大型Ｍ＆Ａを後押ししているといえよう。

既述のとおり、現在の日本の会計基準では、買収した企業ののれん代は無形固定資産として貸借対照表に計上され、これを二〇年以内に毎年費用計上して償却することが求められている。のれん代が大きくなればなるほど、買収した年度以降、当期利益を下押しする金額が増えるわけで、それが経営者にとって大型M&A決断の大きな阻害要因となっているのである。

IFRS基準にすれば、のれんの定期償却を免れることができ、経営者も大型M&Aに挑戦しやすくなる。現に大型M&Aを頻繁に行っている大手商社、大手製薬メーカー、日本たばこ産業、ソフトバンクなどはすでにIFRSを導入ずみである。リクルートホールディングスは二〇一八年三月期に国際会計基準へ移行する計画で、その結果、同社の連結営業利益は五〇〇億円押し上げられる見通しである。同社の海外M&Aによるのれん残高は二〇一六年九月末において三四六八億円あり、国際会計基準へ移行することにより、のれんの定期償却が不要となるためである。

2　日本企業による海外M&Aの成功率

(1)　華やかな報道と実態のギャップ

日本企業にとって欠かすことのできない投資の選択肢となり、一見華やかな海外M&Aであるが、すべてが成功しているわけではない。新聞等のニュースで大規模な海外M&Aが報道されると、その時点でM&Aは成功したかのような印象を受けるが、実態は大きく異なる。先述した最近の大型買収案件も成功が保証されているわけではないことをまず理解すべきである。

当たり前のことだが、買収のアナウンスは投資回収の始まりにすぎない。マスコミは事象としての海外大型M&Aを報じているだけであり、それが成功するかどうかは、報道の時点では関心の外にある。派手に報じられた大型買収がその一年から二年後、巨額の損失を生んだ例は枚挙にいとまがない。

たとえば、第一三共によるインド製薬会社、ランバクシー・ラボラトリーズの買収、日本板硝子によるイギリスのガラスメーカー、ピルキントン買収、丸紅によるアメリカの穀物商社、ガビロン買収、LIXILによるドイツ水栓器具メーカー、Joyou AG買収などが記憶に新しい。いずれのケースでも買収発表時にはマスコミに華々しく取り上げられ、買手の日本企業トップも誇らしげにインタビューに応じた。

業歴の長い大企業だけではなく、新興のIT・ゲーム企業も手元現金に余裕があったためか、一時、数百億円単位の海外M&Aを行ったが、ことごとく失敗している。そもそも買収後の経営戦略がよく練られていなかったうえに、買収後経営に携わる人材に乏しかったのであろう。こうした新興企業に限らず、人材の豊富なはずのNTTグループも海外M&Aでは失敗続きであることが海外M&Aのむずかしさを物語っている。

以上から明らかなように、はじめて海外M&Aに取り組む企業の経営陣は成功するのが当然という考えになりがちだが、現実はそう甘くない。根拠のない楽観主義だけで海外M&Aが成功するわけではない。事業会社による通常の国内設備投資でさえ、成功率が一〇〇%ということはないので、投資の一形態である海外M&Aがすべて成功するわけではないということも当然の話なのだ。

M&A案件を持ち込む金融機関や仲介業者は手数料ほしさに、いわゆる仲人（なこうど）口を利き、買手をその気にさせようとするが、その手に乗ると、あとで後悔することになる。平成バブルの時代に日本の大手不動産会社が海外の不動産を高値づかみし、ことごとく失敗したのは、ノウハウに乏しかったために売手側の甘言に乗せられたのだろう。同時期にはイ・アイ・イ・インターナショナルという会社が巨額の海外不動産投資に失敗し、投資資金を融資した日本長期信用銀行とともに破綻した。

(2) 海外M&Aの成功率は二〇%程度

それでは、日本企業による海外M&Aの成功率はどれくらいだろうか。日本企業による海外M&Aの成功率については、いくつかの調査結果が発表されている。

同志社大学の松本茂准教授によれば、日本企業の海外M&A成功率は八%程度である。松本准教授は買収後一〇年以上経過した日本企業による一〇〇億円以上、五〇%超の経営権を取得した海外買収案件一一六件を詳細に分析し、このうち九件を成功（成功率＝九÷一一六≒七・八%）、五一件を失敗（失敗率＝五一÷一一六≒四四・〇%）と判定している

(『海外企業買収　失敗の本質』東洋経済新報社、二〇一四年)。ここで、「成功」とは、買収後四年目以降、判定時点までの間にターゲット企業の所在地域・事業セグメント双方の連結営業利益が同時に二年に一回以上(買収後一〇年経過した企業であれば三回以上)、過去最高益を更新していることと定義されている。

また、デロイト トーマツ コンサルティングが二〇一三年に日本企業二二四社から回答を受けたアンケート調査によると、過去五年間にM&Aを行った日本企業のうち三六%が成功したと自己評価している(「M&A経験企業によるM&A実態調査」(二〇一三年))。この調査では対象企業に「M&Aを実行するに際して設定していた目標を何割達成できたか」を聞き、八割超達成した企業を「成功企業」、五割未満を「非成功企業」と定義している。調査は国内M&Aを含み、かつ回答企業による自己評定であることを勘案すれば、三六%という成功率は、海外M&Aに限ると、おそらく半分以下の水準になるのではないだろうか。

実務家の肌感覚では、日本企業による海外M&Aで成功といえる案件は、件数ベースでせいぜい一〇%程度、買収後の長年の経営努力により成功に導くことができた案件を含めて二〇%程度というところだろうか。日本企業による海外M&Aの成功率がせいぜい二〇%程度という事実は、マスコミの記者だけではなく、経済界でもそれほど広く知られているわけではない。

(3) 海外M&Aの「成功」とは何か

もっとも、一口にM＆Aの成功といっても、成功かどうかを簡単に評価することはできない。最近の金融界ではコーポレート・ガバナンスの観点から「ROEの向上」がうたい文句になっているが、必要な先行投資や技術開発投資を行わなければ償却負担が軽くなり、ROEは向上するわけだから、企業の投資行動（海外M＆Aはこの一部である）の是非を目先のROEで評価することはできない。投資効果の測定方法としても、買収時と買収後一定期間経過後の株価（上場会社の場合）、買収後一定期間経過後の連結利益増加率、買収した子会社の利益計画の達成率、のれん代の当初計画どおりの回収、買収シナジーの計画どおりの実現など、いろいろな基準が考えられる。

ただ、事業会社にとっての海外M＆Aの成功をあえて一言で表現するとすれば、「買収プレミアムを上回る買収シナジーを計画どおりに実現すること」といってよいのでないか。事業会社は投資ファンドと違って、自らの事業戦略に基づいてグループ全体のシナジーを高めていくことを目的に企業買収を行うからだ。そして、シナジー実現には時間がかかることが多く、事業会社は永続的に事業を営むこと（ゴーイング・コンサーン）を前提としているので、失敗して撤退してしまったケースを除いて、海外買収の成否は短期間では判断できないところがある。投資直後は所期の成果をあげることができなくても、買収後一〇年、二〇年かけた経営努力の結果、その企業に素晴らしい成果をもたらしてくれるようになったケースもよくあることだ。

たとえば、ブリヂストンによるアメリカのタイヤ大手、ファイアストンの買収である。ブリヂストンは一九八八年、約三三〇〇億円（二五億ドル）でファイアストンの全株式を買収した。買収後の一九九五年、ファイアストンにおける労働争議に際してアメリカ政府がブリヂストンに政治圧力をかけ、二〇〇〇年にはタイヤのリコール問題が起きてファイアストンは赤字に転落、二〇〇一年には一三億ドルの追加出資を余儀なくされた。しかし、ブリヂストンはこうした障害を乗り越え、二〇〇二年以降はファイアストンの収益が復活してアメリカでの売上が一兆二〇〇〇億円を超えるようになり、ブリヂストンは世界一のタイヤメーカーとなった。現時点からみれば買収は成功したといえるが、二〇〇一年の追加出資の段階で買収を成功と評価することはむずかしかったと思われる（第4章参照）。

ちなみに、投資ファンドは資金の出し手に五年から七年の間に年率二〇％程度の利回りを実現することを約束しているので、この間に投資先企業の株式を上場する、第三者に売却するなどの方法により、投資資金を回収する必要がある（エグジット）。資金の出し手に対して一定期間後に約束の利回りを提供できなければ、投資ファンドの実績に傷がつき、次のファンドを立ち上げることができなくなる。したがって、投資ファンドによるM＆Aは一定期間内の利回り実現を最優先せざるをえず、ターゲット企業がゴーイング・コンサーンであるという前提は成り立たない。

(4) 海外M＆Aの成功は国富に寄与する

日本企業による海外M＆Aの成功率を仮に二割とすると、一〇〇件のうち八〇件が失敗していることになる。これを単純に金額に引き直すと、二〇一五年の年間海外M＆A実行額のうち成功するM＆Aは二兆円程度にすぎず、約九兆円の国富が毎年無駄になっていると計算できる（二〇一五年の年間海外M＆A投資額一一兆円×八〇％＝八・八兆円）。

もちろん案件によって金額は大きく異なるので、件数ベースで八〇％が失敗したからといって金額ベースで同じ率で失敗するとは限らないし、年度によって変動はあろう。また、失敗といっても、全損になるケース、一部は回収できるケース、買収後に配当ができたケース等もあるので、投資金額がすべて損失となるわけではない。

しかし、日本の一般会計予算が九八兆円であることを考えると、日本企業による海外M＆Aの失敗による損失が、理論上は一般会計予算の九％近くに達する莫大な金額であることに異論はなかろう。また、消増税一％による限界税収増が約五兆円であることを考えると、海外M＆A成功率を高めることの重要性が認識できるだろう。

日本企業全体として海外M＆Aの成功歩留まり率を限界的に一〇％改善できたとすると、二〇一五年実績ベースで国富にとって一兆一〇〇〇億円のプラス要因となりうる。欧米企業並みの成功率五〇％を達成できるなら、成功率は限界的に三〇％上昇するわけだから、なんと三兆三〇〇〇億円の国富の増加につながるわけである。

海外M＆Aの成功率を限界的に高めることは、国富の増大にとってきわめて有効な方法である。

第2章

海外M&A失敗の原因

1 三つの失敗要因

このように日本企業による海外M&Aが失敗に終わる比率は、欧米企業による海外M&Aに比べて高い。筆者はこれまでの経験から、その要因として次の三つがあげられるのではないかと思っている。

① 日本と海外の文明の違い
② 失敗事例の隠蔽による対策ノウハウの不拡散
③ 海外M&Aについての基本知識の不足

2 日本と海外の文明の違い

日本企業による海外M&Aの失敗は、日本の社会と文化にも一因があると思う。もっとも、海外と日本を比べて日本の社会と文化について是非や優劣を論じるつもりはまったくない。客観的事実として彼我の違いを認識し、これを日本企業による海外M&Aの成功率向上に役立てようということである。

(1) 相互信頼か、相互不信か

日本企業はM&Aや資本提携の交渉にあたり、「相互信頼」「共存共栄」「長期関係」の三原則を基本とすると考えられるが、外国企業は必ずしもそうではない。筆者の経験では、外国企業はM&Aや資本提携の交渉時に、いかにしたら自社の利益を極大化できるか、相手の弱みは何か、相手企業に対してどのようにしたら優位に立てるかという姿勢で交渉に臨む。支配・被支配関係を前提とした相互不信と警戒感が先立つのである。

こういう相手と交渉をする場合、日本人特有の相互信頼の精神だけでは思わぬ落とし穴に落ちかねない。たとえば、M&Aの最初のプロセスであるトップ会談で、売手の外国人社長に惚れ込んでしまう日本人社長がいるが、自分が惚れ込んでも、相手が自分のことを信頼して好きになってくれるとは限らない。当たり前のことだが、自分の会社を高く売りたいため、あるいは有利な提携条件を獲得したいため、愛想よくしているケースがほとんどであろう。海外M&Aで合意近くになって、競合する第三者の買手が現れることがあるが、これも売却価格を吊り上げるための工作であるケースがあるのではないかと思っている。

日本では昔から「至誠天に通ず」という言葉があり、こちらが誠意をみせれば相手も必ず誠意をもって応じるという相互信頼の精神があるが、これはおそらく外国人と接したことのなかった日本人の言葉であろう。何千年、何万年もの間、土地を求めて民族間で殺戮を繰り返してきた一神教のユーラシア大陸の民族（その派生国家であるアメリカ）において、相互信頼の精神は育たないのである。

メソポタミアの粘土板の歴史書にも、ある日、砂漠の彼方から砂煙をあげて異民族の大軍が押し寄せ、メソポタミアの都市国家を破壊し尽くし、住民を皆殺しにした史実が記録されている。一三世紀のモンゴルによる中近東と欧州への侵攻もその一例である。異民族をみたら敵だと思えという発想なのであり、その考え方は二一世紀の企業行動においてもユーラシアの人々のDNAに植え付けられ、基本的には変わっていないことを認識すべきである。

(2) 共存共栄か、一人勝ちか

江戸時代以前より、近江（いまの滋賀県あたり）商人の間では「売手よし、買手よし、世間よし」という三方よしの商人哲学があった。今風の言葉でいえば、商取引にあたってすべてのステークホルダーが得をするのが商売の大原則という考え方である。この考えは江戸時代に入って石田梅岩によって心学として体系化され、「先も立ち、我も立つ」という共存共栄の利をともにする精神を日本中の商人に広めたのである。

現在でも日本の伝統的な企業で、社是として取引先と従業員との共存共栄を原則としている企業はいくらでもある。共存共栄の精神の基には、徹底した人間平等主義がある。日本ではこの世の人々は皆平等であると考えるゆえに、富を分かち合うという精神が芽生えたのである。

これに対して、征服した異民族を殺戮したり、人権のまったくない奴隷として酷使したりしたユーラシアの人々には、一神教の教えもあり、そもそも人間平等という考えはなかった。有史以来、ユーラシア大陸では戦争に敗れた人々は、殺されるか、家畜同然に死ぬまで酷使されるという過酷な運命が待っていたのである。

この奴隷制を地理的に海外に拡大していったのが、西欧植民地主義である。一六世紀のスペインによるインカ帝国征服を嚆矢として世界中に広がった西欧の植民地では原住民の人権はいっさい認められず、ただ殺戮と搾取の対象であった。つまり、ユーラシア大陸においては勝者のみが正義、敗者は家畜同然の奴隷とされたのである。

奴隷制の伝統に基づく勝者一人勝ちの精神は、アップル、グーグル、IBM、ウォルト・ディズニー等の多国籍企業が、徹底した節税スキームで税金の支払いを少なくし、留保した利益を株主と経営者が山分けするという行動の原点となっている。これは日本企業が長い間培ってきた「三方よし」という、人間平等主義に基づいた互恵の精神と正反対のものである。

最近話題になっている人工知能やロボットに対する警戒感も、奴隷制度があった国と、日本のような人間平等主義が伝統である国では違うと思われる。ユーラシアの奴隷制度が長く続いた国では、ロボットを奴隷ととらえ、奴隷、すなわちロボットの反乱を警戒する姿勢が根づいている。

(3) 長期的経営か、短期的経営か

経営者個人の利益を優先するとなると、当然、短期経営志向となる。なぜなら、個人が経営者でいられるのはせいぜい数年から一〇年程度であり、この間に会社の利益をあげ、個人の手取収入を極大化する必要があるからである。最近のアメリカ企業による自社株買いも、経営者が設備投資や従業員に対する配分を削ってでも、ROEを高めることにより経営者報酬を増やしたいという意識の表れといわれている。上位一%の富裕層が所得の九割超を獲得する著しい格差社会の進行は、一人勝ち短期経営の結果でもある。

これに対して、日本企業の長期志向は、一〇〇年以上続く長寿企業が日本では一万五〇〇〇社以上ある一方で（世界で首位）、二位はドイツの一〇〇〇社以下という統計に表れている。トヨタの水素自動車、東レの炭素繊維、ホンダのアシモロボットやホンダジェット等の最先端技術は、企業のすべてのステークホルダーが三〇年以上の超長期投資に耐えた結果であり、欧米流の短期経営では絶対にまねできない。すべてのステークホルダーが長期投資に耐えられない欧米企業は、フォルクスワーゲンの排ガス不正、GMの欠陥車放置、ノバルティスファーマの実験結果改ざんなど短期的なコストのかからない不正に走ってしまうのである。

3 失敗事例の隠蔽による対策ノウハウの不拡散

日本企業による大型M&Aの場合、買収完遂が自己目的化して、社長以下、会社全体で買収完遂に向けて突っ走ってしまい、デュー・ディリジェンスで発見されたリスクに対する対応策や、買収の基本前提となる将来収益見通しとシナジー実現可能性の慎重なチェックがおろそかになってしまうことがよくある。第1章にあげた、第一三共、LIXIL、丸紅がそのケースであろう。

また、買収後、トラブルが多発しても、社外はもちろん社長と担当役員以外には社内にも知らせず、トラブル情報を隠蔽してしまうケースが多い。その結果、対策が後手に回り、かえって損失が拡大してしまう。オリンパスの巨額粉飾事件でもこうした背景が明らかになっている（巨額粉飾の事実は代々の社長と担当役員のみに引き継がれ、イギリス人社長が日本から逃げてロンドンの警察署に「粉飾を指摘したのでヤクザに殺される」といって身柄保護を申し出たことから発覚した)。

こうした事象は日本企業の共同体主義に由来すると考えられる。昭和一七年のミッドウェー海戦で日本海軍が大敗した情報は極秘とされ、国民に知らされなかったし、陸軍出身の東条首相にもすぐには報告されなかったといわれている。海軍大将山本五十六と海軍全体の名誉を守るためであった。それぞれの組織が失敗とその原因を解明せず、かえって失敗を隠蔽しようとするため、M&Aリスク回避策が企業社会で広く共有されず、同じような失敗がほかの企業で繰り返されるのである。

4 海外M&Aについての基本知識の不足

日本企業による海外M&Aの失敗要因のうち、これまで述べた「日本と海外の文明の違い」「失敗事例の隠蔽による対策ノウハウの不拡散」は日本の文化と社会に根差した要因なので、すぐに効果的対策を講じることはむずかしいと思われる。しかし、最後の「海外M&Aについての基本知識の不足」は、海外M&Aに携わる買手企業が基本知識のレベルを上げればいいのであるから、比較的容易な対策である。具体的には、M&A全体の流れと、各ステップにおける注意点を理解することからスタートすればよい。ただし、専門家とのつきあい方については指摘しておきたい点がある。

(1) 専門家任せにはしない

ここで注意しなければならないのは、海外M&Aは英語を使うし、法律・会計の専門知識が必要なので、専門家に判断を任せればよいという、買手経営陣の安易な態度である。海外M&Aも投資の一形態である以上、重要な判断を下すのは買手の経営陣であることを忘れてはならない。

事業会社が国内の新規設備投資を行う場合、技術、製造、営業、財務等の各部門から専門家を集め、社内での検討を経て、慎重で綿密な計画を立てたうえで実行に移していく。それでも一〇〇%成功するわけではないことは、経営者ならだれでも知っている。設備投資なら社内の経験、ノウハウを総動員して進めていくのに対し、海外M&Aは外部の専門家任せというのでは、あまりにもリスクが大きい。

患者が医者に手術をしてもらう場合は、その医者の経験と技術に全面的に頼る以外にないが、M&Aにおいて事業会社の経営者がアドバイザーに全面的に依存することは間違いである。医者にしても誤診や手術の失敗は一定の確率で生じるのだから、アドバイザーが間違ったアドバイスをすることもありうることだ。

経験のあるフィナンシャル・アドバイザーであっても、海外M&Aのすべての局面を体験した人はまずいない。また、日本の企業で部下をもって働いた経験のないフィナンシャル・アドバイザーも多いので、彼らがすべての局面で日本の事業会社の経営にとって妥当な判断ができると考えるのは大きな間違いである。

海外M&Aでは外部アドバイザーのほかに、弁護士、会計士といった専門家からもアドバイスを受ける。しかし、ディールの全体を見通して総合的な判断を下すのは、やはり買手の経営者である。外国の弁護士は重要な決定について意見を求められると、「ご質問の点は法律判断ではなくビジネス判断の分野です」といって、明確な回答を避けることがよくある。おそらく彼らは専門家としての判断と、経営判断の違いをよくわかっているからであろう。会計の問題にしても、たとえば、のれんの償却期間を何年にするかは会計規則の範囲内で裁量の余地があり、これも経営者の判断に委ねられる部分がある。

はじめて海外M&Aを行おうとする企業は、安易な専門家信仰を避けるべきである。

ここで少し横道にそれるが、専門家の使い方について筆者なりの考えを述べておきたい。

(2) 専門家の使い方

弁護士、会計士等の専門家は、担当する専門分野についての知識が深く、多くの経験も積んでおり、プロフェッショナルとして尊敬に値する人たちだが、どんなケースであっても、どんな顧客に対しても彼らの専門知識を惜しみなく提供するわけではない。対象とするケースと、顧客の知識と経験の程度に応じて、わかりやすいように説明するのである。すなわち、知識と経験の深い顧客に対しては、自らも深い識見を披露し、背景等についてもていねいに説明し、懇切にアドバイスするが、知識と経験が乏しいと思われる顧客に対しては、基本的なアドバイスにとどめる。最初からむずかしいことを話しても、顧客に理解してもらえるとは限らないからである。

また、専門家の報酬は時間単位で請求され、大手弁護士事務所のパートナークラスになると一時間五万円から六万円程度の報酬料率となる。同じ時間を使って同じ報酬を払うならば、詳しく、ていねいなアドバイスをしてもらうほうがトクである。したがって、専門家に何かを依頼するときには、依頼するほうもある程度の予備知識を勉強して、できるだけ具体的に依頼するのがいいと思う。

だからといって、事業会社のM＆A担当者が弁護士や税理士並みの専門知識を身につけなければいけないというわけではない。基本知識を基に事案について自分なりに考え、「私はこうするのがよいと思うが、この点につき専門家の先生のご意見をうかがいたい」という聞き方をすればいい。「どうすればよいでしょうか、教えてください」という聞き方は、専門家が最も嫌い、かつ顧客を軽んじてしまう質問である。

似たような例をあげると、自宅を新築するとき、住宅メーカーの設計士に設計を丸投げするのではなく、自分なりの間取り図を描いてみて、それを設計士にみせて、専門家の知識と経験を使って、もっとよい設計をしてもらうのと同じである。自分が間取り図を描くときは、建築学の構造計算や自治体による日照規制の知識はいらない。それは専門家に任せればいいのである。

自社が海外M＆Aに取り組むというと、経営者もM＆A担当者も肩に力が入りすぎ、細かい法律規則や税務知識をマスターしようとする人が多いが、そんなことは各分野の専門家に任せておけばよい。自宅を新築するときに、構造計算や日照規制をマスターしようとする人はいないだろう。

専門知識がなければ海外M＆Aはできないという思い込みが、かえって海外M＆Aをむずかしくしているように思えてならない。明確な事業戦略を自社で描き、基本的な進め方と考え方を理解し、実行すれば、M＆Aの専門家でなくとも妥当な価格と条件でクローズできるのである。

第3章では、海外M＆Aの各ステップを解説しながら、それぞれの局面におけるリスクとリスク回避策を、筆者の体験を交えながら解説していくこととしたい。

第3章

海外M&Aの実際

1 海外M&Aの流れと各ステップ

それでは、海外M＆Aの各ステップについて説明していこう。海外M＆Aのプロセスは次のように一〇ステップ以上の連続してはいるが個別の作業に分かれており、必要とされる社内外の専門家もステップごとに異なってくる。それぞれのステップにおいて、社内の経営企画担当者、担当役員、社外の弁護士、会計士、コンサルタントあるいはフィナンシャル・アドバイザー等、専門知識と役割の異なる人々が協力し、海外企業の買収とそれによるシナジー実現というプロジェクトを実行していくのである。

① 社内検討と買収候補先選定
② バックグラウンド・スクリーニング（背景調査）
③ フィナンシャル・アドバイザー（ＦＡ）選任

④　買収価格試算
⑤　アプローチとトップ会談
⑥　基本合意（Letter of Intent）締結
⑦　買収前精査（Due Diligence Investigation）実施
⑧　価格と条件交渉
⑨　株式譲渡契約書（Stock Purchase Agreement：SPA）合意と調印
⑩　現地経営陣との雇用契約調印
⑪　公開買付け（Takeover Bid または Public Offer、上場企業の一定率以上の株式取得の場合）
⑫　クロージング（株券の移転と登録）
⑬　買収後経営と買収目的の実現

M&Aには一つとして同じディールはなく、案件によって経緯、背景、動機、目的等が異なるがゆえに、進め方も千差万別である。したがって、右記のステップはあくまで標準的なものであり、必ずしも①から⑩まで番号順にディールが進むわけではない。ただし、順序の入り繰りはあるにせよ、海外M&Aをする場合、各ステップは必ず実施しなければならない手続である。

たとえば、海外の売手が買手に突然アプローチしてきて、交渉がスタートするということもよくあることである。筆者が専門商社の海外M&Aを任されていたとき、アメリカの企業オーナーが来日し、自分の会社を売込みに来たことがあった。これが買手である日本の専門商社の上流拡大ニーズにたまたまぴったりと合致し、結局その企業を買収したことがある。

海外の中小企業やスタートアップ企業では、アドバイザーを経由せず、直接買手候補にアプローチすることもよくあるようである。したがって、買手企業がホームページなどで海外M&Aの方針を打ち出すと、金融機関やM&A会社経由に限らず、売手からの直接アプローチも期待できるだろう。

また、投資ファンドが投資先の企業を売却しようとするときは、公開入札（auction）のかたちで複数の買手候補を価格で競わせることが一般的である。

このように海外M&Aでは専門分野の異なる人々が協力して一つの仕事を進めていくため、一人で全体を把握するのがむずかしい。たとえば、買収前精査（デュー・ディリジェンスと呼ばれる）では、弁護士、会計士、コンサルタント等がそれぞれの専門分野を調査し、これをフィナンシャル・アドバイザーがまとめ、買手の担当者に説明し、アドバイスするというかたちが一般的だが、調査対象が多岐にわたるため、各項目の調査内容と結果をよく理解し、全体のバランスをとって総合的な判断を下していくのはベテランのフィナンシャル・アドバイザーにとってもハードルの高い作業となっている。

また、弁護士が法務デュー・ディリジェンスで潜在リスクを発見し、これを株式譲渡契約書の文言で防止しようとする場合（リスクに対する補償責任を明確化しておく）、法律論だけではなくビジネス上の判断も必要となる。特定の分野の専門家だけでは判断しにくいケースが存在するのである。加えて、後述するように、フィナンシャル・アドバイザーはクライアントである買手との間で潜在的に利益相反の状況にあるため、買手にとってもむずかしい判断を迫られる場面が多々ある。

2 社内検討と買収候補先選定

(1) 海外M&Aの動機

事業会社が海外M&Aに取り組む動機はさまざまである。海外M&Aの主な目的をあげてみると、次のようになる。

・海外におけるマーケットシェアの拡大（水平統合）
・上流および下流への業務拡大（垂直統合）
・販路拡大
・生産設備獲得
・ブランド獲得
・人材と技術の獲得

・業務の多角化とリスク分散
・成長と業容拡大の迅速化（時間を買う）
・競合対策

実際には、右記の複数の目的の組合せの場合が多いだろう。たとえば、日本の販売代理店が海外の製造元を買収する場合、上流への業務拡大が実現できるし、同時に生産設備、販路、ブランド、人材と技術を獲得することにより、現地でのプレゼンス拡大にもつながることになる。

海外Ｍ＆Ａは企業による投資活動の一つなので、国内設備投資と同様にあくまで事業戦略の一環として進めるべきものである。事業戦略から外れたＭ＆Ａは、あってはならない。事業戦略に基づかない衝動買いのような海外Ｍ＆Ａは高値づかみとなりがちであり、買収後の経営統合についてもあらかじめ計画を立てていないので、買収後経営が行き当たりばったりになり、買収失敗への道を突き進むことになる。

目的がはっきりせず、失敗した海外Ｍ＆Ａの代表例は、松下電器によるユニバーサル映画の買収であろう。松下電器産業は一九九一年にアメリカの映画スタジオ大手ＭＣＡを九七〇〇億円で買収したが、シナジーをまったく実現できず、一九九五年に持株の八〇％を売却した。売却に伴い一六四二億円の為替差損を計上し、松下電器本社は連結ベースで八六〇億円の赤字決算となった。松下がMCA買収を発表する一年二カ月前、ソニーがアメリカの映画製作大手、コロンビア・ピクチャーズを六八五〇億円で買収した。結果的にみれば、松下電器はこれに刺激されて衝動買いに走ったと評価されても仕方がない。

ここで海外M＆Aを計画中の事業会社に対する、金融機関の対応について触れておきたい。取引先の事業会社による大型海外M＆Aは、いうまでもなく金融機関にとって融資、増資、社債発行等の大型資金調達の支援、およびM＆Aアドバイス提供による巨額の手数料収入獲得のチャンスである。事業資金需要と設備投資意欲が低迷している現状、大型海外M＆Aは金融機関にとって収益性の高いビジネスにつながる数少ないイベントの一つである。

また、海外M＆Aは取引先事業会社の経営に直接影響を及ぼすので、主力銀行、主幹事証券会社は取引先の経営戦略に常に注意を払い、取引先のM＆Aリクワイアメントに適した海外売り案件情報を提供する努力が必要である。主力取引先に対してだけではなく、優良な海外売り案件情報を新規取引先に提供したことをきっかけとして、取引関係を強化することもできる。筆者は銀行でロンドン勤務中に欧州企業の優良売り案件を、取引関係のなかった大手日本企業に紹介し、M&Aが成約した結果、銀行取引を新規に獲得できたことがある。

(2) 買収候補先の選定

海外M&Aの方針が決まったら、買収候補先を選定する作業に進むことになる。

候補先として最も手っ取り早くリストアップできるのは、自社の海外における同業の競合相手または提携先、親密先である。この時点でターゲット企業（買収候補先のことをターゲット企業と呼ぶことがある）に売却意思があるか否かは問わずにリストアップし、買収候補先の一次リストを作成していく。外部のアドバイザーに頼らずに候補先をリストアップできる最も容易な方法である。

つい最近、日本の中堅運輸会社より、ある国の物流企業の買収候補先選定について相談を受けたので、筆者はまず対象国とその周辺諸国における買手企業のコンタクト先をすべてリストアップし、そのなかで優先順位をつけて、アドバイザーを経由して匿名でアプローチしていく方法を提案した。

また、先進国ではそれぞれの業界がディレクトリー（業界企業名簿）を作成しているので、業界団体にコンタクトしてディレクトリーを入手し、そのなかから候補先を選定することが考えられる。

たとえば、カナダの自動車部品メーカー数社をM＆A候補先としてリストアップしようとする場合、業界団体として“Automotive Parts Manufacturers Association of Canada”という組織がある。この団体のインターネットのホームページに“Sourcing Guide”があり、製造部品別にメーカー名がリストアップされている。

アメリカの人材派遣会社を買収候補先とする場合は、“American Staffing Association”という業界団体がワシントンＤＣにあるので、そのホームページ経由で加盟している人材派遣会社のリストを入手することができる。

ヨーロッパの花栽培会社を探すときには、“International Florist Organization”という非営利業界団体があり、そのホームページから国別の栽培業者名を入手することができる。インターネット経由の一方通行でなく、こういう業界団体の本部に直接電話すれば、さらに詳しい情報を得ることができる。

筆者はロンドンでM&A業務に従事していたとき、日本の大手食品会社から欧州の国と業界を特定されたうえで、ターゲット先を選定し、アプローチし、買収を完了する仕事を受注した。そこで、その国の当該業界にコンタクトして企業名簿を入手し、網羅的にコンタクトし（もちろん、この段階では買手の企業名は明かさない）、ターゲットを絞り、コールドコール（予告なしでターゲットに直接電話すること）でアプローチを開始し、結局M&Aに成功したことがある。

近年は海外M&Aが活発になっているせいか、業界別企業名簿がインターネットで公開されているケースが多く、それぞれの企業の事業内容も企業のホームページで開示されているので、一次リスト作成は容易になっている。

日本企業はターゲット先選定の段階から、外部のコンサルタントやフィナンシャル・アドバイザーにアウトソースしてしまう傾向が強いが、買収候補先の一次リスト作成は自社内で行うべきである。外部のアドバイザーも買手の業界を熟知しているわけではなく、買手の依頼を受けてから、ここで紹介したようなデータベースを使って選定しているからである。それに対象国内のターゲットを自社で調べるうちに、その国の対象業界についての知識も深まり、その知識がM&Aを進めていく過程で役に立つのである。

外部の専門家をその道のプロと誤解してはいけない。当たり前のことだが、事業会社自身の業界知識の蓄積と業界コンタクトは創業以来、数十年以上にわたって積み上げられてきているので、コンサルタントやアドバイザーよりもはるかに深く広いのである。この事実を忘れている経営者を最近よくみかける。

平成バブルが崩壊した後、大手企業の経営者が外部の外資系コンサルタント等に自社の今後の経営戦略策定を依頼したケースがよくあった。よほど自信を喪失していたのであろうか。経営者としての責務を放棄しているのと同じである。当該業界の知識に乏しいコンサルタントに経営戦略策定を委ねて、結局失敗している例は大企業でいくらでもある。

ただし、売り案件候補を増やすべく、大手の主力銀行、幹事証券会社等に買収リクワイアメント（対象国、業種、買収金額等）を伝えておけば、彼らは自社のネットワークを通じて売り案件情報を集めてくれるので、これは利用してもよい。もちろん売り案件情報には情報精度の高いものと、信頼性の低いものが混在しているが、これらの案件情報を精査しているうちに、買手としての情報蓄積が進み、対象国の対象業種にも詳しくなることができる。

また、仲介業者によっては、売手が売却を決定していない候補先や、買手探しにつき正式依頼（業界用語で売りマンデートと呼ばれる）を取得していない先の売り案件をもってくることがあるので、候補先を提示された場合、まずこの点を確認すべきである。海外M＆Aを頻繁に行っている某大手企業では、売り案件が一日に何件も金融機関やM＆A仲介業者から持ち込まれるため、M＆A担当部門の仕事の大部分は持込み案件の断りと審査で占められているという話を聞いたことがある。一部の大手企業には案件の質はともかく、売り案件が集中しているようである。

(3) M&Aブティークについて

候補先を選定するうえで、先に紹介したようなインターネットのディレクトリーを利用することもよいが、やはり優良候補先を見つけるには現地のネットワークを構築していくのがベストであろう。日本国内で不動産物件を探す場合でも、物件を買いたい地域の地元の不動産業者を自分で複数訪問し、まだ広告に出てない売り物件を教えてもらうのがいちばん確実で早い。これと同じように、対象国を訪問し、大小のM＆A業者に買いニーズを伝えるのがかえって効率的だと思う。

そこで、海外M&A案件発掘法の一つとして、欧米にあるM&Aブティークという業種を紹介しておきたい。M&Aの案件情報提供およびアドバイス業務については、大手銀行、大手証券会社または投資銀行が大きなシェアを握っているが、これら大手はいずれも大型案件を優先し、買収金額三〇億円程度以下の小型案件は手がけない。人件費や海外拠点費用などの固定費が高いので、一件で一定金額以上の手数料収入が入らないと、採算がとれないのである。

ところが、海外M&Aでも一〇億円程度のディールは実はいくらでもあり、これら小型案件の紹介とアドバイスを担うM&A専門会社として、M&Aブティークといわれるカテゴリーの業者が存在する。ブティークという英語には、小型の、多くは個人が経営するおしゃれな婦人服店という意味合いがある。M&Aブティークもこれに似て、個人または少人数で営業する専門的なM&A仲介およびアドバイザー会社である。小規模であるだけに、M&A仲介の対象業種も、食品、小売り、機械メーカー、ITなど特定の業種に特化しているところが多い。

筆者がロンドン駐在時に知り合った、ドイツ、シュトゥットガルトのM&Aブティークは大手投資銀行出身の六〇代のドイツ人専門家が二、三人のスタッフを使って、地元南ドイツの中小製造業をターゲットにM＆Aの仲介とアドバイス業務を行っていた。シュトゥットガルトを中心とする南ドイツは伝統的に自動車・機械製造業が盛んで、ダイムラー、ポルシェ、ボッシュなどのドイツを代表する世界的な大手企業とその下請けの中小企業が集中している。このブティークからは南ドイツのメーカーの売り案件を一〇件以上紹介されたが、そのうち数件に対して日本の買手が興味を示し、デュー・ディリジェンスと交渉の結果、M＆Aが実現した。

つい最近アドバイスした海外M＆Aの案件でかかわったイギリス北部のM＆Aブティークは欧米の人材派遣業界に特化しており、この業界でのM＆A案件のファインディングおよびアドバイス実績が豊富であった。

こうしたM＆Aブティークは規模こそ小さいが、M＆Aのノウハウは十分で、地元の中小企業オーナーとの強いネットワークをもち、中小案件の紹介能力とアドバイス能力に優れていることが実際のディールを通じてわかった。大手金融機関とこうしたM＆Aブティークが、ターゲット企業のサイズ別に市場を切り分けて共存しているのである。

取引先の買い案件を探している日本の金融機関、あるいはM＆Aのターゲットを見つけようとしている日本の事業会社としては、対象業種に特化した対象国の地元のM＆Aブティークにコンタクトしてみるのも一つの方法であろう。

また、日本の金融機関が取引先企業の海外M&Aのアドバイザーに指名される近道は、優良な海外売り案件を発掘し、これを取引先に提案することである。日頃から取引先の海外戦略をよく分析し、海外M&Aニーズを正確に把握したうえで、それにマッチした海外売り案件を提示するのが理想的である。特定の業界に特化した海外M&Aブティークにコンタクトすることにより、競合する金融機関より優れた売り案件を発掘できるかもしれない。

日本の金融機関や事業会社には海外の優良M&Aブティークを発掘するためにも、やはり直接現地を訪れることを勧めたい。インターネットやインターネット経由の電話会議で先方とコンタクトするより、現地を訪問し、ブティークの経営者と面談したほうが、そのブティークの実績や営業方針がよくわかる。

また、訪問して面談することにより、知り合いやコンタクト先の他のブティークを教えてもらうことができ、ブティークのコンタクト・ネットワークを広げていくことができる。こうしたM&Aプロフェッショナルを訪問するときは、日本側の買いリクワイアメントを説明すると喜ばれる。優良情報の相互交換がM&Aビジネスのルールである。

3 バックグラウンド・スクリーニング（背景調査）

(1) バックグラウンド・スクリーニングの重要性

さて、こうした過程を経て買収候補が絞られてくる。自社で選定した候補にせよ、金融機関等の仲介業者に紹介された候補にせよ、会社内容等の情報はある程度把握できるし、相手が上場企業であれば部門別の業務内容など相当の情報が有価証券報告書等で開示されている。

ここで気をつけなければいけないのが、ターゲット企業の非開示情報である。ターゲット企業あるいはその売手となる株主は、できるだけ高く売却したいので、売却対象企業の強みやその経営者の実績と能力を強調する一方、過去のコンプライアンス違反、訴訟履歴、業績の下降傾向などの不利な情報は出したがらない。情報開示が義務づけられていない非公開企業ほど、こうした傾向が強い。意図的に隠しているわけではないものの、表に出てこないネガティブ情報もありうる。

M&A交渉の開始にあたって守秘義務契約を交わし、財務情報、会社の沿革、役員の経歴等の情報を入手しても、実態が隠されていたり、経営姿勢や能力がわかりにくかったりすることはよくある。デュー・ディリジェンスを実施しても、財務、法務、ビジネス、環境等についての相手方の開示資料だけでは悪いところは隠されており、実態がわからない状況も頻繁に起こる。

したがって、M&Aにおいては、買手であっても、売手であっても、また資本提携であっても、相手方の素性と実態をよく調べることは、法令を順守し、さらにM&A実行後のトラブルを回避するために絶対に必要な作業である。特に相手方が海外の場合、情報入手の難易度が高いだけに、相手企業の法令順守状況、実態、経営者個人のビジネス履歴、風評等を調査しておくことが大切である。

ところが、実際には海外M&Aで、「知名度が高い有名企業である」「社長が業界を代表する敏腕経営者である」「社長同士が意気投合してしまった」「長年の取引先である」等の理由から、表面的な財務計数をみるだけで信用してしまうケースがよくある。特に日本企業の場合、社長が買収・提携候補先の外国企業を訪問した際に大歓迎の接待を受け、その場ですっかり相手を信用してしまったという話をよく聞く。大歓迎はM＆A交渉のテクニックにすぎず、買手から有利な条件を引き出すのが目的である。

そこで、ターゲット企業のこうした表に出ていないネガティブ情報を収集するのが、バックグラウンド・スクリーニングという作業である。日本語に訳すと、「背景調査」「実態調査」となろうか。背景調査では相手企業だけではなく、相手企業の代表者、役員および株主も対象として、情報を過去にさかのぼって収集、精査、分析する。

相手方の開示情報以外の情報収集は当然、相手方に知られずに行わなければならないので、専門の背景調査会社に調査を依頼する。日本企業による海外M＆Aの場合、調査対象は当然に外国企業となるので、調査対象国の言語を使って調査できる調査会社を使う必要がある。最近では日本でも全世界に独自のネットワークを構築し、ターゲット企業の地元で、ターゲット企業所在国の言語を使って調査する能力のある独立系調査会社が現れている。

バックグラウンド・スクリーニングという言葉は日本のどのM＆A参考書をみても載っていないが、アメリカでは国内M＆Aにおいても一般的に行われていることである。アメリカのように多民族で、かつ人々の流動性が高い国では、相手企業およびその経営者の背景や実態等はわかりにくいところが多いので、専門の調査会社を使って調査させるのである。

アメリカに限らず、外国企業が日本企業を買収しようとする場合、あるいは資本・業務提携の場合でも、背景調査会社を使って相手方の背景調査を実施することはごく一般的に行われている。対象となっている日本企業が気づかないだけである。海外の投資ファンドが日本企業に投資する場合は、日本の調査会社を使って必ず背景調査を実施している。

日本においても最近、ガバナンスやコンプライアンス強化の動きを受けて、上場企業がM&A前に背景調査を実施することが定着しつつある。大手弁護士事務所でも顧客企業に対して、事前の背景調査を勧めている。

M&Aの早い段階から背景調査を実施し、重大な瑕疵が発見されれば買収候補から外すことにより、無駄な買収交渉をせずにすむ。あるいは、買収候補先との初回コンタクトの後でも、デュー・ディリジェンスを実施する前に案件から手を引くことができれば、費用と時間を大幅に節約することが可能となる。重大な瑕疵でなくとも、M&A交渉において背景調査で発見した問題点やリスクを回避する工夫を施すことが可能となる（買収後、ターゲット企業の経営陣から問題のある役員を外すなど）。

(2) 主要国の取引禁止対象者リスト

また、近年、世界各国において賄賂・腐敗防止立法、マネーロンダリング・テロリスト対策等が施行、強化されている。各国の当局は金融規制、輸出入品目規制、要注意人物リスト等に基づく幅の広い規制対策を実施しているので、対象企業およびその経営者がこうした法令・規制に抵触していないかを精査する必要がある。

特に主要国の国家機関が公表している取引禁止対象者リストが数多くあり、対象者リストは常に更新されているため、買収候補先企業と経営者がこれらリストに該当しないかをまずチェックする必要がある。主要国および国際機関の取引禁止対象者リストには次ページの表のようなものがある（全部ではない）。対象国の詳細な取引禁止対象者リストについては、背景調査会社に照会すべきである。

アメリカ	商務省産業安全保障局によるウォッチリスト対象の法人および個人 商品先物取引委員会による違反企業リスト 調達庁による米国政府機関との取引禁止法人および個人のリスト 対外資産管理局による経済取引禁止法人リスト 愛国者法に基づき財務省が指定したマネロン容疑組織
イギリス	金融庁による金融サービス法違反者リスト 財務省による金融制裁対象者リスト バンク・オブ・イングランドによる麻薬密売人・テロ容疑者リスト
EU	金融制裁対象者リスト
オーストラリア	中央銀行の取引禁止対象者リスト 外務貿易省の取引禁止対象者リスト
カナダ	金融機関監督庁による金融取引禁止対象者リスト
中国	中国人民銀行による金融制裁対象者リスト
香港	香港通貨監督庁の取引禁止対象者リスト
シンガポール	シンガポール通貨監督庁の取引禁止対象者リスト
日本	経済産業省の取引禁止対象者リスト 財務省の経済制裁対象者リスト
国際刑事警察機構	犯罪組織およびテロ容疑者リスト
世界銀行	取引禁止対象者リスト

次に海外M&Aにあたり、日本企業が背景調査を実施することの重要性につき実例をあげて説明したい。

(3) 背景調査をすべきであった例

◆敵対的な株主権の行使

日本の大手企業が競合他社に追いつき、事業の国際化を一気に進めることを目的として欧州の多国籍企業と資本・業務提携を行った。しかし、業務提携では双方とも期待した成果を実現できず、提携時の友好的関係は次第に悪化し、この多国籍企業は配当増を要求するなど大株主として振る舞うようになった。当該多国籍企業の日本企業との提携以前の経営姿勢を検証すると、他の外国の提携先企業との関係も悪化し、敵対的となっているケースがいくつもあった。

当該日本企業はオーナー企業で、「社長同士が意気投合」した結果、相手企業の背景調査を行わずに資本・業務提携に走ってしまった。背景調査を過去にさかのぼって詳細に実施していれば、提携は回避したであろうし、提携したとしても提携契約の文言に敵対的関係になった場合の対策を盛り込むことができたであろう。

(4) 背景調査をした結果、M&Aをやめた例

◆社長の経歴詐称

ある日本の上場企業が、アジアの上場リテール企業への出資を計画し、当該アジア企業の社長との面談を重ねた。アジア企業の社長は学歴も立派で、リテール業界では敏腕経営者という現地のマスコミ報道もあった。ところが、背景調査会社に依頼して現地の複数の関係者その他のルートを使って調査したところ、その社長の資金源は実は中国共産党で、社長のサクセスストーリーにも事実の裏付けがないことが判明した。この日本企業は背景調査の結果、出資をやめることにした。

アジアで中国政府筋から資金が出ている企業はいくらでもあり、それ自体はマイナス情報とはならないが、こうした企業がマスコミ等を利用して社長の経歴や実績を過大に宣伝することがよくある（日本でも社長の能力や実績の過大宣伝はよくある）。また、中国共産党系企業はインターネットに書き込まれた自社に不利なコメントをすぐに消去しているとい

われている。特に海外M&Aの場合、対象企業から提示された資料やマスコミ報道をそのまま信用せず、信頼できる複数の現地の情報源から事実を掘り起こす作業が必要である。

◆本業の業績不振

日本の大手上場企業に同業の外国企業がアプローチし、大規模な海外での合弁事業を提案してきた。外国企業は非上場でオーナー企業だったが、その業界では知名度が高く、海外現地法人を多数保有していた。利益も十分にあげているということであった。ところが、背景調査を行ってみると、そのオーナー企業は本業とは関係のない事業を行っており、本業は赤字が続いている一方、実は非本業のビジネスがグループ全体の収益を支えていた。この非本業のビジネスも直近に起こったある事件を契機として、今後、売上が減少していくことが確実であった。本業の収益改善のため、日本企業にアプローチしたと推測された。

◆実績、ノウハウの不足

日本のＩＴ企業が信頼できる人物から、資本提携先として外国企業を紹介された。ＩＴ企業として実績があり、将来性も優れているとのことであった。実際に提携交渉を始めてみると、この外国企業が主張する実績および将来性に疑問が生じてきた。背景調査を行ってみると、相手企業には、提携対象分野での実績が乏しく、ノウハウの蓄積も少ないことが判明したため、資本提携交渉を中止することとした。

この実例は、信頼できる人物あるいは信用できる業者に紹介されたからといって、背景調査を行わずにM&Aを進めてはいけないことを示している。

(5) 現地のアドバイザーを背景調査した例

日本企業が同業の外国企業との間で買収交渉を始めた。ニッチな業界だったので、買手アドバイザーとして対象国内の当該業界に特化した小体のフィナンシャル・アドバイザーを仲介業者の紹介で起用した。ところが、背景調査会社を使って調べてみると、このアドバイザーは売手企業オーナーと以前よりコンタクトがあることが判明し、M&A交渉にあたって利益相反となる可能性があった。そのため、日本企業は当該現地アドバイザーの起用を中止することにした。

(6) 日本企業と外国企業の交渉姿勢の違い

筆者はこうした実例を目の当たりにし、日本企業と外国企業の交渉に臨む姿勢と考え方がまったく異なることに気がついた。日本企業はまず相手を信用し、対等互恵・共存共栄の精神で交渉を開始するが、外国企業の基本姿勢は、どのようにしたら自社の利益を極大化できるか、相手の弱みは何か、相手企業に対してどうしたら優位に立てるのかという相互不信である。

外国企業がM＆Aにあたって背景調査を必ず実施する動機は、相手に対する不信感と警戒感にある。良い悪いではなく、歴史と文化の相違により、日本企業と外国企業では対外交渉に臨む姿勢が基本的に異なるのである。これまで国際的な事業展開をしていなかった日本企業が海外事業の比率を高めていこうとする時代になり、海外M＆Aに取り組む企業の数が飛躍的に増加しているだけに、相互信頼の精神だけでは思わぬ落とし穴に落ちることを強調しておきたい。

こうした意味でも、日本企業にとっても海外M＆Aにおいて背景調査は必須となっているのである。背景調査のタイミングは買収候補先を絞った後、先方に対するアプローチを開始する前が理想的である。背景調査により看過できないネガティブ情報が見つかった場合に、買収候補から外せるからである。先方と交渉を開始してしまった後や、デュー・ディリジェンス中に背景調査を行い、重大な懸念が発見され、M＆Aを再考するとなると、それまでの費用と時間が無駄になるばかりでなく、交渉相手に対しても悪印象を与えてしまう結果となる。

相手が開示しない情報を収集・分析するバックグラウンド・スクリーニング（背景調査）と、相手が開示した情報を精査・分析するデュー・ディリジェンス（買収前精査）が一体となって、ターゲットの実態に迫ることができるのである。日本企業が海外M＆Aにあたって、必ず背景調査を行うようになれば、日本企業による海外M＆Aの成功率は飛躍的に改善すると思う。また、ターゲット企業だけではなく、仲介者や買手側アドバイザーも警戒してみるという姿勢が必要である。

4 フィナンシャル・アドバイザー（FA）の選任

(1) アドバイザーの選び方

ターゲット企業候補の一次リストができたら、各候補にアプローチすることとなる。しかし、買手が直接アプローチし、自らの社名を明かすことは、株価対策、マーケットにおける風評対策上、絶対に回避すべきである。ここにフィナンシャル・アドバイザー（FA）を起用する必要が生じるのである。FAは買手の名を明かさずにターゲット企業の売手にアプローチし、売却意向を打診する。売手の売却意向が確認された場合、買手と売手は相互にM&A交渉の存在および相手の名前を明かさないという内容の守秘義務契約を締結し、予備交渉を開始する。

では、買手側FAはどのように選んだらよいだろうか。主力銀行、幹事証券会社、M&Aアドバイザー会社、外資系投資銀行等が候補となるが、アドバイザー各社のターゲット国におけるディール実績、買手との親密度と相性、手数料体系等を参考に選定すればよい。手数料については、後述するように各社から相（あい）見積りをとる方法もある。買手がＦＡを選任するにあたっては、買手とＦＡの利益が必ずしも一致しないことを念頭に置く必要がある。

(2) 外部の知見とノウハウを利用すべし

事業会社が海外Ｍ＆Ａの買手となった場合、海外Ｍ＆Ａを頻繁に行っている大企業を除き、投資銀行や証券会社、銀行、Ｍ＆Ａ専門会社等を買手アドバイザーとして早い段階から起用するのが通常の進め方である。上場している大企業であっても海外Ｍ＆Ａの経験が乏しい場合、自社にノウハウや人材が十分にあるとは限らない。Ｍ＆Ａの各局面で進め方と判断の妥当性を担保するために、第三者の外部アドバイザーを起用することは有用といえる。

外部アドバイザーがいないためにＭ＆Ａに不慣れな社長の意見が通り、偏った方向に会社全体が突っ走ってしまうことはよくある。筆者がつい最近仕事で接した東証一部上場企業では、営業部門出身の社長が海外M&Aに必要な手続を踏まずに売手側の外国人社長と話を進めてしまい、引くに引けない状況となっていた。その企業にとってははじめての海外M&Aであったことから、社長が率先して海外出張して相手の社長と会っていたところ、ウマが合い、話が進んでしまったとのことであった。ところが、一年以上もトップ同士が交渉しているのに、相手の外国企業の財務諸表さえ入手できていなかった。

これはやや極端な例であるが、M&A交渉のスタート時点において押さえておくポイントがいくつかあるので、こうした基本動作と定石については外部アドバイザーにアドバイスを求めるのがよい。もっとも、買収後経営などM&Aのすべての局面を経験している外部アドバイザーはまずいないうえに、後述するようにサクセス・フィーの誘惑もあるので、彼らを全面的に信用することは避けるべきである。アドバイザーの得意な分野について、彼らの知識と経験を利用すればいいのである。

投資銀行をはじめとする金融機関のアドバイザーは、企業価値の算定など計数に強いところはあるが、海外の売手とのハードネゴ、株式譲渡契約書の文言のニュアンス、買収後経営に関する知見等については経験を積んでいない人も多い。売手と徹夜でハードネゴを重ねるよりも、適当に折り合ってサクセス・フィーを早く獲得したいと考える外部アドバイザーもいるのだ。大企業の社長が、若手の外部アドバイザーを気に入ってしまって、全面的に信頼してしまう例をよく見聞きするが、アドバイザーは必ずしも万能で顧客第一ではないことをよく認識する必要がある。

(3) 手数料はどのくらい発生するか

M&Aアドバイザーの起用にあたっては、買手とアドバイザーとの間でM&Aアドバイザリー契約が締結される。その際に買手が気をつけなくてはならないのが、アドバイザーの報酬体系だ。

通常、買手アドバイザーの手数料には、業界慣行で「サクセス・フィー」と呼ばれる報酬が入っている。サクセス・フィーは、買収金額に対して金額階層別に〇・五%から三%程度の一定の比率を掛けて計算するため、買収金額が大きくなればなるほどフィーの支払額が増えることとなる。たとえば、一〇〇億円程度のディールの場合、最初の五〇億円が三%、次の二五億円が二%、次の二五億円が一%というように料率は低減していくが、買収金額が増えれば増えるほど成功報酬の金額は増えていくことになる。M&A業界ではリーマン・スケールとも呼ばれている報酬体系だ。

サクセス・フィーのほかに、アドバイザーのコストをカバーするために月次定額報酬（マンスリー・リテイナー・フィーと呼ばれる）が支払われる。ディールサイズによっても異なるが、月数十万円から三〇〇万円程度を求められるのが通常である。

仮にサクセス・フィーが前記の料率で、一二カ月の交渉期間を経て八〇億円の買収がクローズしたとすると、月次報酬を三〇〇万円とした場合、成功報酬が二億五〇〇万円（五〇億円×三％＋二五億円×二％＋五億円×一％）、月次報酬合計が三六〇〇万円（三〇〇万円×一二カ月）で合計二億四一〇〇万円となり、アドバイザリー・フィーの八五％をサクセス・フィーが占めることになる。

(4) 手数料体系の落とし穴

このような現行の海外M＆Aアドバイザリー・フィー体系では、買手（すなわちフィーの支払者）と買手アドバイザーの間に利益相反が生じうることに留意する必要がある。具体的には、以下の二点である。

第一に、リーマン・スケールに基づくサクセス・フィーだと、買手アドバイザーは買手に高く買ってもらったほうがサクセス・フィーが増えるということになる。買手はできるだけ低い価格で買収したいという要求をもつはずだが、買手アドバイザーにとっては買収価格を低くすることよりも、買手の希望価格より高い価格で買収を成功裡に完了させることにインセンティブが働いてしまうことがありうるということである。

第二に、アドバイザリー・フィーは通常、その八割から九割がサクセス・フィーであるので、アドバイザーにしてみたらM&A完了までのディール期間が短いほうが効率がよい。そのため、アドバイザーにはM&Aを迅速に完了したいという動機が生じる。海外の売手と時間をかけて交渉するよりも、なるべく短期間でディールを完了してしまうほうが、フィーを稼ぐには効率がいいのである。

このようにサクセス・フィー体系は買手と買手アドバイザーの間で利益相反を生じさせうるので、これを緩和するために、サクセス・フィーにあらかじめ上限を設ける、マンスリー・リテイナー・フィーの部分を多くしてサクセス・フィーの比率を下げておく、サクセス・フィーは導入せずに時間給にするなどの対策が考えられる。

いずれにせよ、買手はアドバイザリー契約締結前にフィー体系につきアドバイザーと十分に協議し、フィー支払額が予想を大きく上回らないような手だてを講じておくべきだろう。買手アドバイザー選定にあたって、複数のアドバイザーから相見積りをとる方法もある。自社の海外M＆Aの経験が乏しいという理由から、料率についてアドバイザーの言いなりになることは避けるべきである。

(5) あるマーチャント・バンクの申出

買手と買手アドバイザーが買収成功に向けて一致して努力するのが理想であるが、サクセス・フィーを導入した場合、両者の利害は必ずしも一致しない。このことを痛感したのは、次のような場面である。

筆者はロンドンで、ある日本企業の買手アドバイザーを務めていた。買手と売手双方のアドバイザーが価格につき予備交渉を始めた直後、売手アドバイザーであるロンドンの名門中堅マーチャント・バンクの幹部から、買収価格について話し合いたいという申出を受けた。このマーチャント・バンクはその後、欧州系の金融機関に統合されたが、シティでも名門のマーチャント・バンクであった。

先方の申出は、「買収価格につきアドバイザー同士であらかじめ合意したい。合意した価格でそれぞれのクライアントを説得しよう。ついては合意できる価格はいくらであるか」というものであった。筆者は驚いて、「価格については買手の意向を最大限反映するのがアドバイザーの役割である。価格以外の買収条件について合意せず、クライアントの意向を聞く前に価格について合意することはできない」と応じた。

これに対し、先方は「ロンドンのM＆Aマーケットでは、これくらいの中小サイズ（当時の為替レートで数十億円）のディールでは、アドバイザー同士があらかじめ価格について合意し、その価格で売手と買手の双方を納得させることは、よくあることである。そのほうがディールがスムーズに進み、成功率が高まり、お互いにサクセス・フィーを手っ取り早く稼げるではないか」と主張した。

サクセス・フィーを稼ぐために、M＆Aアドバイザー同士の談合が行われていたのである。マーチャント・バンクの談合体質に触れた瞬間であった。言葉の正確な意味でこれを「談合」と呼んでいいか、ロンドンのマーチャント・バンク業界の長年の慣行かは判断しかねたが、こうした体験を通じて、M＆Aにおいてクライアントとアドバイザーの利害は必ずしも一致しないということを認識した。

ロンドンのマーチャント・バンクでなくとも金融機関はどこも部門ごとの収益計画があり、計画の達成度合いはM＆A責任者の人事考課とボーナス額に直接影響を及ぼすので、クライアントの利益よりも自分の利益が優先してしまうというのは、ありうることである。海外M＆Aにあたって経験豊かなアドバイザーは必要だが、アドバイザーとの利益相反の可能性を常に意識して案件を進めていくべきである。

5 買収価格の試算

(1) エントリー・プレミアム

ＦＡ経由でターゲット企業にアプローチする前に、買手としてしなくてはいけないことがある。Ｍ＆Ａは投資である以上、投資額の妥当性と回収可能性を計算し、あらかじめ買収額を概算し、支払金額の範囲を決めておくことだ。

買収価格は相対の交渉で決まるので、必ずしも理論値内に収まるわけではない。デュー・ディリジェンス（Due Diligence Investigation：買収前精査）を実施してリスク要因と不確定事項を洗い出し、株式譲渡契約書（Stock Purchase Agreement：ＳＰＡ）において、売手と買手がリスクを分担するかたちで対応するのだが、どんなＭ＆Ａディールもリスク・フリーということはありえないので、買手のリスク負担分は当然、買収価格に織り込まれることとなる。

上場企業の場合、株式の市場価格を上回る代価が支払われるが、この上回る部分を買収プレミアムという。通常、三〇％から五〇％程度の範囲内である。外国企業がはじめて対象国市場に参入する場合、買収プレミアムは高くなる傾向がある。これを「エントリー・プレミアム」という。

筆者は投資ファンド在籍時、投資先であった日本の地方メーカーを外国企業に売却し、投下資本を回収したことがあるが、海外の買手はこの時、この買収によりはじめて日本の市場に進出するため、日本国内の他の買手候補に比べて割高な買収プレミアムを払ってくれた。逆に日本企業が外国の市場にはじめて進出する場合も、エントリー・プレミアムが付加されると考えるべきであろう。

(2) 買収価格の主な算定方法

企業の買収価格については、企業財務体系のなかで企業価値評価（valuation）と呼ばれる分野があり、その理論は実に精緻に構築されている。企業価値評価理論の説明だけでハードカバーの参考書二冊になるくらいであるが、これは企業財務の研究者が読むものであり、実務ではそこまで理解しなくてもさしつかえない。買収価格の算定方法には、大きく分けて次の三種類がある。三つの方法すべてを用い、それぞれの最高額と最低額を算出し、その中間値の平均を採用する方法もある。

a　EBITDA倍率法

対象企業の株式時価総額をその企業のEBITDA（Earnings Before Interest payment, Tax, Depreciation and Amortization：営業利益＋償却費）で表示された利益額で割った倍数（EBITDA倍率）を基準として買収価格を算定する方法である。EBITDA倍率は業界によって異なるので、対象企業のEBITDAに当該業界のEBITDA倍率を掛けて買収価格算定の基準とする。EBITDAは、国によって異なる金利水準、税率および償却ルールに影響されない、企業本来の収益力を把握するために用いられている。非上場企業であっても、同業界の上場企業のEBITDA倍率を適用することによって基準となる買収価格を算定できる。

b　時価純資産法

貸借対照表の各項目を時価評価して時価純資産額を算出し、これにプレミアムを上乗せする方法である。日本の国内M&A取引でよく用いられる。

c　ディスカウント・キャッシュフロー法（DCF法）

対象企業の今後五年間の予想貸借対照表（B／S）、損益計算書（P／L）を作成し、各年度のキャッシュフロー額を一定の割引率で現在価値に引き直し、その合計額と、最終年度のキャッシュフローを一定の割引率で除した価額（terminal value）の和を買収価格とするものである。

この割引率には買手企業の税引後加重平均資本コスト（Weighted Average Capital Cost：WACC）を用いるので、それぞれの企業によって割引率の水準は異なってくる。また、予想B／S、予想P／Lは楽観的、保守的、最もありそうな場合の三ケースについて作成することが多い。

予想B／S、予想P／Lは売上成長率、粗利益率、経費増加額、固定資産投資額をどう想定するかによって大きく異なってくるので、DCF法は一見もっともらしいが、信頼性の低い価格算定方法である。実際にやってみるとよくわかるが、エクセルシート上に想定金利、売上・経費等の予想増減率をインプットしてキャッシュフローの現在価値（すなわち、買収価格）を計算してみると、その結果はこうした変数を変えることによって驚くほど大きく変わってくる。だれも二年から五年後のこれら変数を正確に予測できるはずはないので、ＤＣＦ法による買収価格の試算は最も恣意性が高いといえよう。

ＦＡは買収価格算定にあたって見栄えのよい算定書をつくってもってくるが、ＤＣＦ法では諸変数の前提の根拠をよく問いただし、納得できなければ前提となる変数を変更した試算値を求めておくのがよい。

しかし、買収価格は交渉によって決まるものなので、買手が複数いる場合には理論どおりの価格にはならないケースも多い。当たり前のことだが、買手がどれだけ買いたいのか、売手がどれだけ売りたいのかという気持ちも価格に大きく影響してくる。また、上場企業の買収であっても、最高値を出した買手が買収できるとは限らない。筆者が体験したニューヨークの上場企業買収では、売手の臨時株主総会において、買収価格が競合相手より低かったにもかかわらず、買収後の経営体制が売手にとって安心できる候補が買手に決定された。

なお、日本の現行の会計基準では、買収価格とターゲット企業の純資産額の差額は貸借対照表の資産サイドに無形固定資産として計上し（のれん）、毎年一定額を償却する必要があるので、その費用が当期利益のマイナス要因となる。償却期間はターゲット企業の業種により異なってくるが、最大二〇年である。償却期間については会計監査を行う外部の公認会計士の承認が必要であるので、事前に担当の会計事務所に相談すべきである。

6 アプローチとトップ会談

買手がターゲット企業にアプローチするにあたっては、匿名性を確保するために、フィナンシャル・アドバイザー（ＦＡ）が買手の名前を伏せてアプローチし、売却に興味を示したターゲット企業には守秘義務契約を締結した後で買手の社名が開示される。

Ｍ＆Ａにおいて決まった進め方があるわけではないが、ターゲット企業が一社に絞られた後は、買手と売手の社長と経営陣がアドバイザー陪席のうえで初回の顔合わせを行うことがある。そこでは買手、売手の双方がＭ＆Ａを友好的に進める意思を表示すると同時に、買収後も既存の経営陣がターゲット企業の経営を続けることを想定している場合、お互いの相性を探ることも目的の一つである。

また、ターゲット企業の経営陣との会談に加えて、ターゲット企業の支配株主と買手が初回会談を行うケースもある。カナダのＩＴ企業の買収交渉をしていたときに、カナダの経営陣とは別にその株主であるニューヨークのファンドとも初回会談を行った。その後もファンド株主と買収条件の交渉を重ねたが、交渉はすべて電話会議とｅメールで行われ、結局ファンド株主と顔をあわせることはなかった。

日本の大手食品メーカーから、インドのスパイス製造企業に対するアプローチのマンデートをもらったことがある。東京から国際電話でアポイントメントをとり、ムンバイから車で三時間かけて山の麓にあるターゲット企業を訪問した。その場で守秘義務契約を結んだ後、ターゲット企業のオーナー社長と面談を開始した。

オーナー社長の売却意思は確認できたものの、彼はターゲット企業の財務情報をほとんど開示せず、日本の買手が自分にいくら支払う意思があるのかについてだけ関心があるようであった。二日間交渉を続けたが、オーナー社長は財務情報を開示せず、自分の会社が日本の買手にとっていかに魅力があるかをインドなまりの英語でまくしたてることに終始した。

当たり前のことであるが、ターゲット企業の財務情報と株主情報が開示されなければ、M&A交渉を進めることはできない。売手が売却意思はあるが情報開示はしたくないという場合は、いったん交渉を打ち切ったほうがよい。イニシアル・アプローチには成功したものの、基本合意書締結にまで至らなかった例である。

Ｍ＆Ａではケースによって売手アドバイザーの役割も異なり、買手との交渉の前面に出てくるのは、売手アドバイザー、売手株主、ターゲット企業経営陣いずれか、あるいはその三者の組合せというようにさまざまである。敵対的Ｍ＆Ａに携わったことはないが、敵対的Ｍ＆Ａの場合、双方のフィナンシャル・アドバイザーと弁護士同士がコンタクトを重ね、買手と売手が直接面談するケースはほとんどない。

ここで注意したいのは、海外の売手はよい条件で売却したいために、買手経営陣に楽観的な自社の業績見通しを伝えたり、買手を持ち上げて過剰な友好ムードを演出したりすることがあり、それに日本の経営陣が乗せられてしまうことがあるということである。売手と友好的な関係を維持することは大事だが、だからといって売手のいうことを一方的に信用することは避けるべきである。

日本人はまず相手を信用して交渉を始める傾向が強いが、相手が外国企業の場合、必ずしもそれが正しいとはいえない。バックグラウンド・スクリーニング（背景調査）とデュー・ディリジェンス（買収前精査）が重要となるゆえんである。

7 ストラクチャーと買収資金のファイナンス

(1) 買収ストラクチャー

ターゲット企業の所在国によって海外M＆Aをめぐる税制と会計制度が異なり、それを前提にどのような買収ストラクチャーを選ぶかによって買手と売手の会計処理と税額が異なってくる。したがって、海外M＆Aは多様な形態をとりうるが、株式買収の場合、①株式取得、②増資引受、③株式交換の三種類があり、事業買収にも大きく分けて、①事業譲渡、②会社分割の二種類がある。日本企業による海外M＆Aの場合、大部分が株式取得で、残りのごく一部が事業譲渡であろう。

株式取得の場合はさらに、①日本の買手企業が直接親会社となる、②買収ビークルとして海外に特別目的会社（Special Purpose Company：ＳＰＣ）を設立し、ターゲット企業はＳＰＣの子会社、日本の買手企業の孫会社となる、③すでにある買手企業の海外地域本社が買収するなどの選択肢がある。公開買付けを実施する場合は、買手が一〇〇％出資するSPCを売手所在国に設立し、SPCにおいて株式買収を完了後、SPCが対象企業と合併するというスキームが一般的である。

どのようなストラクチャーをとるかで、買手企業、売手企業、売手株主にとって会計上、税務上のインパクトが異なってくるので、対象国の制度を勘案して税務コスト、会計上の有利・不利をよく吟味する必要がある。ターゲット企業の所在国によって税制と会計制度が異なり、配当源泉税、外国子会社配当等の益金不算入に関する処理方法が異なるし、こうした制度はよく変更されるからである。

ただし、買手のM&A担当者は自分でそこまで調べる必要はなく、国際ネットワークを有する会計事務所に比較検討してもらえばよい。また、海外の売手株主によっては税務上のメリットを享受するため、特定のストラクチャーを要求してくる場合もあるが、売手の税務上のメリットは買手の税務コスト増になるケースもあるので、ストラクチャーについてはM&A交渉の早い段階で売手と合意しておくべきである。売手と合意した買収ストラクチャーは株式譲渡契約書（SPA）の文言に盛り込むことになる。

(2) 買収資金のファイナンス

買収資金のファイナンススキームは、買収金額およびストラクチャリングによって異なってくるが、大きく分けて次の五種類がある。これらの組合せによる資金調達も多い。

① 自己資金
② 銀行借入れ
③ 社債(公募、私募)
④ 増資(上場企業の場合)
⑤ LBO借入れ

LBO(Leveraged Buy Out)借入れは、買収先の資産や将来のキャッシュフローを返済原資とするもので、いわゆるノンリコース・ローンであり、買手に返済義務がない借入れである。投資ファンドによるM&Aによく利用されているが、日本の事業会社の海外M&Aではあまり例がない。

ソフトバンクはイギリスのアーム社の巨額買収を発表した後、アーム社の買収資金に充当するため、二〇一六年九月に年利三・〇％、償還期限二五年の個人向け社債を四〇〇〇億円発行した（同時に機関投資家向け七一〇億円を発行）。ソフトバンクは二〇一六年七月に買収を発表する直前には、主力銀行であるみずほ銀行から年利一％で一兆円の借入れを行い、その後、この借入れを協調融資に切り替えたと報じられている。つまり、ソフトバンクはアーム社買収資金を、主力銀行よりの銀行借入れ、社債発行および自己資金の三種類で調達したことになる。本件の場合、社債金利も借入金利も、現状の日本の超低金利の金融環境からみると、かなり高い水準である。

ソフトバンクのように買収資金を円で調達した場合、調達した円資金をターゲット企業の所在する国の通貨に変換し、外貨でターゲット企業の株主に支払うことになるが、為替レートは毎日変動するので、外貨に転換するタイミングを慎重に見極めることが求められる。円貨の外貨への転換は為替変動リスクを抑えるため、通常、クロージングまでの間、複数回に分けて実施される。

8 基本合意（Letter of Intent）締結

(1) M&Aに必要な契約

海外M&Aで当事者の間で交わされる基本の契約書は、事業会社同士のM&Aの場合、次の三つである。

① 基本合意書（Letter of Intent：LOI）
② 株式譲渡契約書（Stock Purchase Agreement：SPA）
③ 雇用契約書（Employment Agreement または Service Agreement）

①基本合意書は買手と売手がはじめて交わす書面による覚書であり、これに双方が調印することによってM&A交渉が正式にスタートする。ただし、法的拘束力は一部条項を除いてない。

②株式譲渡契約書は売手の株式を買い取るにあたって、買手と売手それぞれの義務と権

利を定めるもので、買収契約書類の中核となるものである。

③雇用契約書は買収後の現地経営陣とSPA調印と同時に締結し、現地経営陣の雇用条件を定めるもので、買手企業にとって買収後経営の基本となる契約書である。

海外M&Aには契約書類がたくさんあり、煩雑でわかりにくいというイメージがあるが、基本的にはこの三本の契約書を理解し、内容を把握していればさしつかえないといえる。このほかにも買収の受け皿として使う特別目的会社（SPC）を設立するための契約書などがあるが、そこでターゲット企業が契約の当事者となることはない。

(2) 基本合意書でM&A交渉をスタートさせる

買手と売手のトップ面談でM&A完了に向けてお互いに作業を進めることに合意したら、基本合意書を交わし、今後のM&A交渉の進め方を書面で定めておく。具体的には次のような項目を定める。

・買収形態（対価は現金か、株式交換か）

・M&A交渉の大まかなスケジュールと合意期限
・売手が一定期間、第三者の買手と交渉しないこと（exclusivity という）
・デュー・ディリジェンス（買収前精査）の対象事項とその日程
・費用分担
・守秘義務の再確認
・買収金額の目途値を入れる場合は、“subject to due diligence investigation”（買手による買収前精査の結果による）という文言を明記する

基本合意書は買手と売手の合意文書であるが、法律的には“non-binding”といって、法的拘束力はない旨を冒頭に明記しておく。“non-binding”であるので、仮にスケジュールどおりに交渉が進まなくても、買収価格について折り合わなくても、あるいは最終的に買収合意に至らなくても、お互いにペナルティーなしで仕切り直しをしたり、あるいは交渉を中止したりできる。

ただし、基本合意書に守秘義務条項が入っている場合、守秘義務については“binding”すなわち法的拘束力が生じるので注意すべきである。基本合意書における守秘義務条項

は、仮にM&A交渉が中止になった後でも、一定期間あるいは永久に法的拘束力を有する。

最近遭遇したケースだが、買手と売手のトップ同士の会談が数カ月の間、何回も行われているのに、基本合意書と守秘義務契約が締結されていなかった。ディールを安全かつ効率よく進めるためには、早い時期に基本合意書と守秘義務契約を交わすべきであろう。特に上場企業の場合、守秘義務契約なしで交渉を続けることは、先方のリークにより株価に思わぬ影響を与える可能性もあるので、絶対に避けるべきである。

トップ会談にあたり、買手があらかじめ基本合意書のドラフトを何種類か用意し、合意内容に沿ったドラフトを選んで、その場で合意書として署名したり、重要項目についてあえてブランクにした合意書を用意しておき、合意できたら、その場で手書きで記入し、署名したりすることは、M&A交渉実務でよくあることである。

筆者はアメリカ企業の買収にあたり、自分で作成した二ページの簡単な基本合意書を用意しておき、売手のアメリカ人社長との初回面談の直後、あらかじめ記入してあった買手側の希望買収額をハサミで切り取って（すなわち、買手による希望買収額をその場で抹消して）基本合意したことがある。買手の希望買収価格と売手の希望売却価格があまりにかけ離れているため、non-binding とはいえ、この段階で買収価格の話はせず、まずデュー・ディリジェンスについて合意すべきだと判断したからである。

二〇一六年二月頃、シャープをめぐって日本の官民ファンドと台湾の鴻海が買収合戦を演じ、結局、鴻海が競り勝ったかたちとなったが、鴻海の当初提示価格は non-binding だったのではないか。もし non-binding であったならば、官民ファンドも non-binding で価格を吊り上げ、優先交渉権を得た後、価格交渉を行えばよかったのではなかろうか。事実、鴻海の最終買収価格は当初提示価格の半額近い水準であった。本件交渉文書の文言をみていないので、確たることをいえる立場にないが、M&Aにおいて基本合意書は、法的拘束力がない交渉の出発点にすぎないので、官民ファンドの降りるタイミングが早すぎたような気がしてならない。価格以外のなんらかの判断があったと思われる。

なお、弁護士によっては、基本合意書として一〇ページ以上の長いレターを用意するケースもあるが、基本合意書は交渉開始のための法的拘束力のない文書にすぎないので、短いほうがよいと思う。

9 デュー・ディリジェンス（買収前精査）実施

(1) デュー・ディリジェンスの重要性

基本合意書（Letter of Intent）調印で基本合意に至った場合、次にデュー・ディリジェンス（ＤＤ）と呼ばれる買収前精査を買手が売手企業に対して実施することになる。このデュー・ディリジェンスがＭ＆Ａの全プロセスのなかで最も重要な作業である。デュー・ディリジェンスの主な調査対象は次ページの表のとおりである。

このほかにも売手企業の実態とその時の状況に応じて、ＤＤの対象項目は追加されていく。対象項目と留意点については、会計士、弁護士と相談して決めていく。ＤＤ期間はあらかじめ決められているので、時間の制約のなかで調査対象項目の優先順位をつけることが重要である。環境ＤＤでは、対象企業と利害関係のない地元の環境コンサルタントを起用する。

財務DD	財務諸表の正確性、資産項目、在庫の実査等
法務DD	取締役会議事録の精査、訴訟記録、各種契約の内容確認等 株主の変更（change of ownership）により、内容が変更となる契約はないか（国や自治体からの補助金が削減される等）
ビジネスDD	ビジネスモデル、主要販売先、主要仕入先、製品別利益率、販売契約等
環境DD	工場のある企業の場合、工場の土壌、排水、排煙、騒音等が現地当局の規制の範囲内であるか、買収後の環境投資見通しは正確か
リスクDD	開示資料以外のリスク情報と評判等
工場・支店見学	現地従業員の士気、経営方針の浸透度、整理整頓の徹底等
経営陣面談（management interview）	買収後の人事配置の参考にする

デュー・ディリジェンスの第一の目的は、売手企業の実態とリスクを正確に把握し、これを買収価格と条件に反映させることである。デュー・ディリジェンスで発見したリスクを買収前に是正できなかったり、買収契約書においで適切な対処方法を決めておかなかったり、あるいは粉飾に気づかなかったりした場合、買収後に多額の損失を被ることになる。

デュー・ディリジェンスを厳格に実施しておくことに

は、買手経営陣が買手の株主に対する説明責任と善管注意義務を果たすという意味もある。買収後にクライシスが発生した場合、買手経営陣がクライシスを回避するために、買収前からできる限りの対策を実施していたというエビデンスが必要になる。それがデュー・ディリジェンスの役割の一つである。

デュー・ディリジェンスの三つ目の機能は、買収後に経営統合（Post-Merger Integration：ＰＭＩ）を直ちに開始できるように、売手企業のビジネスモデル、販売先、製品の競争力、各種契約の内容、経営陣の資質等の情報をできる限り収集しておくことである。その意味で、役員および幹部社員との面談（マネジメント・インタビュー）はていねいに行っておく必要がある。

実際、対象企業の各部門の幹部社員との面談を重ねていくうちに、社長の説明と違っていることがあったり、経営陣に対する批判が出たりして、ターゲットの実態把握に役立つことが多い。それゆえに売手の経営者はデュー・ディリジェンス期間中の面談対象者を制限したがるので、売手との間でデュー・ディリジェンスの内容についてもあらかじめ合意し、基本合意書に面談対象者は「買手が指名する者とする」という文言を入れておいたほうがよい。

日本たばこはアメリカのRJRインターナショナルおよびイギリスのギャラハー(Gallaher)という二件の超大型買収を成功させたことで有名であるが、そこでは買収前のデュー・ディリジェンスでマネジメント・インタビューを徹底的に行い、買収後の経営メンバーをふるいにかけたという話を聞いたことがある。

(2) デュー・ディリジェンスの失敗例

最近の例をあげると、第一三共によるインドの製薬会社ランバクシー・ラボラトリーズ買収では、デュー・ディリジェンスで発見したリスクに対し適切な対応がなされなかったと報じられている。具体的には、買収完了前の段階でランバクシーの工場で生産した医薬品がアメリカの当局により、アメリカへの輸出が禁止されていたにもかかわらず、対応策が講じられず、かつ買収契約書にこの問題についての売手責任が明記されていなかったという。この結果、第一三共は買収後六年間で買収金額約五〇〇〇億円のうち四五〇〇億円の損失を被り、最終的には所有するランバクシー株の全株を売却し、撤退する事態になっている。買収完了を急ぐあまり、デュー・ディリジェンスでの発見事項について買収契約書で補償義務を明確に合意しておく等の対応をとらなかったことが致命傷の一つになったと思われる。

住設機器メーカーＬＩＸＩＬが二〇一四年一月に買収した現地法人Joyou AGは中国で衛生陶器等の製造・販売を行っていたが、買収後わずか一年五カ月でJoyou AGが破産手続を開始すると発表した。これに伴うＬＩＸＩＬの損失額は六六〇億円と報じられている。Joyou AGは買収される前から周到な粉飾決算を行っており、ＬＩＸＩＬはデュー・ディリジェンスで粉飾を発見できなかったとされている。また、粉飾発覚後も売手に対する損害賠償請求等の手続が滞っていたと伝えられている。

日本企業では、Ｍ＆Ａがデュー・ディリジェンスの段階まで進んでくると、経営陣において買収完遂への期待感と推進力が高まってきて、途中で引き返すことがむずかしくなることがよくある。Ｍ＆Ａの得失を冷静に判断することを忘れ、経営トップからＭ＆Ａ担当部門までが、まず買収ありきの姿勢で、買収完了が自己目的化してしまうのである。

ここで冷静な判断をすべきフィナンシャル・アドバイザーも買手であるクライアントの勢いを無視できず、買収完結へと走ってしまう。買手のアドバイザーにはすでに述べたとおり、サクセス・フィー獲得のためにできるだけ高い価格で迅速にディールを完結したいというインセンティブが強く働いているので、デュー・ディリジェンスで発見したリスク事項について、ていねいに時間をかけて対策を講じないケースも多い。

これは推測であるが、第一三共のケースもＬＩＸＩＬのケースも、社内の買収完結に向けたモメンタムに抗しきれなかったのではないだろうか。大企業による大型買収の場合、マスコミは基本合意書締結の段階で買収後経営の成否にかかわらず買収そのものをはやし立てるので、買手の社長は自分の名誉欲と自社の宣伝のため、リスクと採算を無視して買収完了へと突っ走ってしまうのである。

また、時間の制約という問題もある。デュー・ディリジェンスは通常、二週間から三週間程度の期限を設け、売手が設置したデータルームにあるパソコンの画面を通じて売手の財務、法務、ビジネス等の情報が開示され、これをＦＡの采配のもとに会計士、弁護士、買手企業スタッフが分析するというかたちをとる。限られた時間内で重要情報を精査、分析するので、すべてのリスク情報を網羅できるとは限らない。

第一三共のケースのようにアメリカへの輸出禁止措置を看過したのは論外であるが、デュー・ディリジェンスですべてのリスク情報を洗い出せるわけではなく、株式譲渡契約書で手当するしかない項目もありうる。また、売手が周到な財務上の粉飾を行っていた場合、短期間の財務ＤＤでは発見できないこともありうる。経営トップとそのスタッフは、こうした事情をよく理解してＭ＆Ａに取り組むべきである。

(3) 発見したリスク、あるいは発見できないリスクへの対応例

ある邦銀がアメリカの金融会社の買収について基本合意し、デュー・ディリジェンスを実施した。金融会社の規模に比べてデュー・ディリジェンスの期間は限られており、特に与信資産内容の精査には時間と人手を要した。金融会社の与信対象である多数のアメリカ企業の業況と財務内容を精査し、各社について社内格付が適正に実施されているかを検証し、貸倒引当金額が十分であることを確認する作業を行った。特に社内格付の確認作業にあたっては、現地の公認会計士等の専門家を動員し、金融会社の与信担当部門の幹部に対するヒアリングも実施した。その結果、社内格付と貸倒引当金額はおおむね適正と判断された。

ところが、買収後しばらくして、買手の邦銀が再度、与信資産を精査したところ、資産内容が大幅に劣化していることが判明し、貸倒引当金を積み増すために巨額の増資を余儀

なくされた。このケースでは、売手が売却価格を引き上げるため、資産査定を甘くして、貸倒引当金額を抑えていたという可能性は残るが、借手の業況が時間の経過とともに変化していくのは事実であるため、真相は不明である。

これに対し、一九九八年に経営破綻して国有化され、翌年アメリカの投資ファンド、リップルウッドに買収された日本長期信用銀行（現新生銀行）の案件では、買収時点より同行の資産内容が悪化した場合、売手である日本政府が全額補償するという内容の「瑕疵担保条項」が株式譲渡契約に盛り込まれ、資産内容の買収後の劣化をすべて売手の責任とした。買手であるリップルウッドは、デュー・ディリジェンスで把握しきれない、あるいは対処しきれないリスクを株式譲渡契約書でカバーしたのである。

もう一つ例をあげると、日本の事業会社がアメリカの製品輸入元を買収した際、売手企業の製品に組み込まれていたソフトウェアの知的財産権の元の所有者が明らかでないケースがあった。知的財産権については、元の所有者または発明者と称する人物または企業が突然現れ、巨額の使用料を請求されるリスクがある（パテント・トロールと呼ばれている）。このケースでは、株式譲渡契約書において売手が買手に対し当該知的財産権の使用について免責する条項を入れることにし、買手はリスクを回避した。

現実にデュー・ディリジェンスにおいて、買収後の対応がむずかしいと思われる問題が発見されるケースはよくある。売手に敗訴確実な巨額訴訟があった場合、時間とコストのかかる環境対策を当局に命じられていた場合、製品の販売地域に対する制限がつけられていた場合、株主の変更を理由に売手所在国政府からの発注や補助金が停止される可能性があるなど、リスクはいくらでもある。こうした場合、買手は売手に一定の時間的猶予を与えたうえで、対応策と引当金の積増しを要求するのが一般的である。一定の時間的猶予の後でも、十分な対応がなされないのであれば、買収プロセスの一時停止または撤退という選択肢もありうる。

具体的には後述するが、買手はデュー・ディリジェンスで発見、指摘されたリスク事項、懸念点について売手に文書で照会し、売手は文書で回答していくのが通常の進め方である。デュー・ディリジェンスで発見されたリスク事項を株式譲渡契約書にできる限り落とし込み、買手のリスクをミニマイズするのは弁護士の役割である。国家的な非常事態に直面していた日本長期信用銀行のケースのように、資産内容の悪化をすべて売手の責任とすることはむずかしいと思われるが、株式譲渡契約書における「表明と保証」条項で資産内容について売手から条件付きの保証を得て、エスクロー（留保金）勘定により保証の履行を担保するという方法がある。

要するに、勢いで買収プロセスを進めるのではなく、M＆Aの各ステップでリスクに対応していくという姿勢が必須である。海外M＆Aはビジネスでありながら、将棋に似た知的ゲームという側面がある。それぞれの局面で相手の出方とゲームの展開を読みながら、時間的制約のなかで対応策を何通りか用意しつつ最善の手を打っていく。ゲームが自分の読みどおり結着し、買手に望ましいかたちでM＆Aがクローズするのを目の当たりにするのは、本当に楽しいものである。

(4) 環境リスクの重要性

a 環境リスクとは

M＆Aの教科書にはあまり詳述されていないのだが、デュー・ディリジェンス（DD）について述べたついでに環境リスクについても触れておきたい。

工場を操業している製造業の企業は、工場の排水、排煙、臭気、騒音等の周辺環境を害するおそれのある工場排出物、工場敷地の土壌汚染などについて現地当局の規制と監視を受けている。こうした規制と監視は先進国ほど厳しくなっている。

工場排出物や土壌汚染が規制数値を上回った場合、当局から是正命令が出され、規制数値内に収めるための設備投資を余儀なくされることがある。また、現地当局が指摘しなくても、周辺住民が住民運動を起こして工場をめぐる環境改善を要求し、それに対応せざるをえなくなる場合もある。

したがって、工場を操業している製造業を買収する場合には、対象企業の工場が現地の環境基準に適合しているか、環境基準違反はないか、周辺住民による環境改善要求はないかなどを詳細に調べる必要がある。環境リスクは引当金を積むなどの財務的な手当だけではすまず、買収後に隠れたリスクが顕在化するおそれがあるだけに、入念な調査とリスク対策が必要となるのである。

b　環境リスク対策

筆者は、日本の大手企業がオランダの生花栽培会社を買収するにあたって、ターゲット企業へのアプローチと買収交渉のアドバイザーを委託された。ターゲット企業は北海沿岸の運河地帯で生花農園を操業していたので、農園からの排水の水質とそれによる近隣の運河の水質汚染リスクが問題となった。栽培した生花の大部分は欧州と日本への輸出用であり、水質汚染は商品のレピュテーションにも影響を及ぼす。

オランダは生花の輸出が基幹産業の一つであるため、国による生花栽培の環境基準が高レベルであるだけではなく、地元の同業者組合による規制と監視も厳格であった。運河の水質汚染は地元生花栽培業のレピュテーションに影響を及ぼすだけではなく、水質汚染のために栽培している花の品質が劣化し、地元の同業者の生産物の商品価値が損なわれるおそれがあるためである。

こうした状況を買手の日本企業もよく理解し、買収前に現地の環境調査会社を使って環境デュー・ディリジェンスを徹底的に実施した。その結果、水質に問題はなかったが、買収後、ターゲット企業の水質浄化装置の改良工事を行ったうえで、定期的な水質検査を継続し、水質の維持と向上に努めることにより、買収した企業の地元におけるレピュテーションの維持に努めた。

c　環境リスクがM&A価額に影響した例

◆外国企業による日本でのM&A

日本の地方企業を外国企業に売却しようと交渉を始めた。この地方企業は金属関連の地元の老舗メーカーで、工場敷地が地域の主要河川に接していた。工場からは処理ずみの排水が隣接する河川に流されていた。また、明治以来長い間操業しているため、製品の加工処理過程で発生する重金属が土壌に蓄積されていた。

この工場は排水の水質と土壌について県当局の定期的な検査を受けていたが、検査数値は規制数値の範囲内であり、規制数値を上回ったことも過去になかった。会社の経営陣も環境問題には熱心に取り組んでおり、数年前にはＩＳＯ１４００１の環境マネジメントシステム認証を取得していた。

そのため、当方としては売却対象企業の環境リスクについてまったく懸念をもっていなかったのだが、外国の買手企業は環境対策についての懸念を表明してきた。そこで、環境対策の現状にはまったく問題がないことを、県当局の検査報告書とその数値を示して説明したのだが、買手は納得しなかった。

買手は大手多国籍企業グループの一社であったため、グループ内の環境基準が厳しかったのであろう。また、日本の当局による環境基準が高水準であることをよく知っていたので、ターゲット企業の業種柄、環境対策に関する潜在的リスクが企業価値を毀損する可能性を警戒していたのであろう。

買手の外国企業と交渉を続けた結果、日本の上場大手環境対策会社に工場敷地とその周辺の環境ＤＤを委託し、その結果を報告してもらうこととなった。環境対策会社は現場の入念な環境ＤＤを実施し、報告書を提出した。ターゲット企業の環境対策は万全で、現状の操業内容と環境対策設備であれば、今後排水汚染および土壌汚染が規制値を上回ることはないという内容だった。ターゲット企業は同族経営による地方の老舗メーカーだったため、経営者は地元での評判を大切にし、環境対策を長年の間、ていねいに行っていたのである。

筆者は報告書を英訳し、調査を実施した日本の環境対策会社の幹部とともに海外にある買手の本社にまで出向き、報告書の内容をていねいに説明した。早朝から深夜に及ぶ説明と交渉の末、ようやくターゲット企業に環境リスクはないことを買手に納得してもらった。ところが、こうしたプロセスにもかかわらず、最終的な交渉における買手の買収価格の提示額は、基本合意書（Letter of Intent）に示された金額より一五％減額されていた

（前述のように Letter of Intent には法的拘束力がないので、最終提示額が減額されていても法律的な問題は生じない）。

買手の外国企業は減額の理由を明らかにしようとしなかったが、日本の環境基準が厳しいだけに、環境リスクに対する漠然とした懸念が最終提示額にマイナスの影響を及ぼしたと推測している。環境リスクはたとえそれが顕在化していなくても、買収価格にマイナス影響を与えることを思い知った事例であった。次に述べる、筆者が日本の買手側のアドバイザーを務めたドイツでのM＆A事例を勘案すると、こうした外国の買手の心理は理解できないこともない。

◆日本企業によるドイツでのM＆A

日本の機械メーカーが南ドイツの機械メーカーを買収するため、デュー・ディリジェンスを実施した時のことである。ターゲット企業は製造工場を操業していたので、地元の環境調査会社を使って環境DDを実施した。地元の環境調査会社によると、歴史の古い機械メーカーの場合、工場の排油による工場敷地の土壌汚染リスクが高いとのことであった。この工場は排水、排煙については問題なかったが、土壌汚染については長い間検査をしてこなかったのであった。

環境ＤＤではパイプを工場敷地の地面に二〇メートルおきに何本も立てて地下深く潜らせ、サンプルを採取し、排油による土壌汚染を検査した。幸い、土壌汚染の程度は規制値の範囲内であることが判明したが、日本の買手は環境リスクを理由に買収価格を引き下げることを主張した。この時点で環境リスクは顕在化しておらず、買収価格を引き下げる合理的な根拠も乏しいのだが、潜在的な環境リスクが存在することに対する買手の懸念は買手アドバイザーとして理解できた。

この事例では結局、買収価格は双方の納得する金額で折り合い、Ｍ＆Ａを成功裡に完了することができた。

10 買収価格の合意

(1) リスクと価格

デュー・ディリジェンスの結果、ターゲット企業の営業、技術開発、製造、財務、人事、内部管理体制等の実態が判明すると同時に、さまざまなリスクの内容と蓋然性、リスク金額等を把握できる。たとえば、製品の販売先が特定の企業に集中していないか、買収後、これらの販売先が株主の変更を理由に取引を解消する可能性はないか、所有している技術は特許登録ずみか、今後特許侵害の訴訟が起こされる可能性はないかといったことである。

理論的な買収価格は、既述「5　買収価格の試算」で述べた算出方法により、上限値と下限値として算出できる。しかし、これはあくまでも理論値であり、最終的な買収価格はデュー・ディリジェンスの結果、判明したターゲット企業の収益力の現状と見通し、成長性、リスク要因等を勘案し、妥当と考えられる水準を決定する。たとえば、ターゲット企業の工場での環境汚染防止対策のため、買収後、一定額の設備投資が必要と想定される場合、それは当然、買収価格の引下げ要因となる。

ただし、M&Aは相手方のある取引なので、買手にとって妥当な価格でも、売手にとっては低すぎるということはよくある。そこで、デュー・ディリジェンス後の価格交渉が開始されることになる。買手、売手双方がそれぞれの妥当と考える価格の根拠を説明し、相手を納得させようとするのである。

M&Aは正札のついてない企業という商品を売り買いする行為なので、買手がどれだけ買いたいかによって買収プレミアムは変わってくる。また、価格以外の買収条件、たとえば、売手による表明と保証の内容によっても買収価格は変わることになる。

(2) ハードネゴ

買収価格について買手と売手が交渉開始後、直ちに合意に至ることはまずない。デュー・ディリジェンスの目的は第一に適正な買収価格を算定することであるから、買手はそこでの発見事項に基づき、最初に算定した買収価格に修正を加えていく。DCF法で買収価格を試算していたならば、デュー・ディィリジェンスで発見した実際の売上増加率、原価率、経費率等の変数を当初のDCFモデルに当てはめ、買収価格をより現実に近いものとするのである。

基本合意書（Letter of Intent）には、買収提示価格は“subject to due diligence investigation”（デュー・ディィリジェンスの結果による）という文言を必ず付してあるので、デュー・ディィリジェンスでの発見事項に基づき、売手と価格につき交渉を行うこととなる。M&A交渉の最重要争点はこのデュー・ディィリジェンスの結果に基づく価格交渉と、後述する株式譲渡契約書（Stock Purchase Agreement）の「表明と保証」の文言に関してであろう。

筆者がベルギー企業のM&Aでデュー・ディィリジェンス後の価格交渉を行った時のことである。デュー・ディィリジェンスの結果、ターゲット企業の実態的な自己資本金額が当初の売手開示金額より一五％も少ないことが判明した。筆者は当然のことながら、買収価格を減額するよう売手に要求したのだが、売手の担当役員は社内の責任問題もあったのだろうか、買収価格の減額に応じなかった。交渉は午後二時から八時間にわたって続いたが、議論は堂々めぐりを繰り返した。

そこで、筆者はM&A交渉の決裂を覚悟し、その場にいた日本側買手企業三名、買手側現地弁護士二名からなる交渉団に対し、交渉が決裂したので退出すると宣言し、交渉の場である売手企業の本社ロビーで帰りのタクシーを待っていた。ベルギーにしては珍しく豪雪の夜であった。すると売手の担当役員が玄関まで走ってきて、買収価格を当方の主張どおり減額するので、交渉を再開したいとの申出を受けた。深夜に再開された交渉の結果、M&A契約が合意された。

ロンドンでブランドメーカー買収のアドバイスをした時にも、デュー・ディリジェンスの前だが、同様なことがあった。売手の言い値は妥当な価格の二倍近くであった。日本の買手幹部がロンドンまで出張し、売手であるオーナー経営者と初回の会談を行った。ところが、朝から夕刻まで交渉しても買収価格の目途値について合意できず、交渉決裂を覚悟せざるをえなかった。

日本側の買手は勢い込んで交渉に臨んだのだが、売手の高すぎる言い値はどうしても正当化できず、アドバイザーとしては撤退を勧めるほかなかった。日本側交渉団はその晩、ホテルに戻り、翌朝帰国する準備を進めていた。ところが、翌朝、売手よりホテルに電話があり、価格については譲歩するので、基本合意書に調印したいとの申出があった。買い手側交渉団は胸をなでおろし、再交渉に向かった。

こうした体験から筆者は、M&A交渉は体力と気力の勝負であることを思い知った。よくM&Aは総合格闘技にたとえられるが、交渉にあたっては知識や知力よりも体力と気力がものをいう。価格をめぐってはディールブレイク寸前のハードネゴが行われることがよくあるが、納得できない価格は受け入れるべきではない。売手がどうしても売却したいのであれば、買手の水準に譲歩してくるはずである。

(3) アーンアウトの仕組みと実例

買手と売手が議論を尽くしてもなお買収価格に開きがある場合、アーンアウト（earn out）という、買収代金を条件付きの分割払いとする方法を採用することにより、双方が歩み寄るスキームがあるので、紹介しておきたい。筆者はカナダとイギリスにおけるM&Aで、実際にアーンアウトを利用したことがある。

カナダのケースでは、売手がM&A交渉開始時からきわめて楽観的な損益計画を提示し、これに基づいてDCF法で算定した買収価格を主張して譲らなかった。これに対し、買手はビジネスDDを実施し、個社別の売上計画を丹念に積み上げたが、どうしても買収後直ちに計画どおりの売上を達成するのは不可能であると判断した。売手の計画どおりの売上を達成するには、現時点で販売工作も行っていない大口の販売先が買収後、突然現れることを期待するしかなかった。そこで、買手は最大限妥協しても買収価格を二割減額する必要があると売手に伝えた。

しかし、売手はこれに同意せず、自らの事業計画に基づく売値を主張し続けた。ターゲット企業の大株主はカナダの急成長した大手IT企業のオーナーであり、自分なりの投資利回りにこだわっていたためである。このまま双方が価格について譲らなければ、M&Aは破談となるところだったが、双方が妥協点を模索した結果、アーンアウト・スキームを採用することとした。

このスキームでは、売手が当初八〇の価格でターゲット企業の株式一〇〇%を売却するが、ターゲット企業が買収前に提示した事業計画どおりの経常利益を達成することを条件に、買収後四年間で買手が元の株主に一年に五ずつ支払って四年間で二〇支払い、分割払いを入れた合計で一〇〇とする。目標経常利益を達成できなかった年度の支払額はゼロとなるが、翌年度に達成すれば、翌年度は五を支払うことになっていた。このケースでは買収後もターゲット企業の経営を現地の経営陣に任せることになっており、現地経営陣には社長をはじめ元の株主が入っていたので、アーンアウトは利益目標達成のインセンティブとなるものであった。

もう一つは、つい最近、BREXIT（イギリスのEU離脱）直後に合意したディールである。日本企業がイギリス企業の買収を交渉してきたが、M&A契約調印直前になって国民投票でBREXITが決定した。イギリス経済の将来が不透明になり、為替と株価が大きく変動した。イギリスがEUから離脱するためには正式通知から交渉完了まで二年かかるので、これから約三年間のイギリス経済には不透明感が漂う。

買手の日本企業としては、売手が提示していたターゲット企業の収益計画の達成可能性も見直す必要があると考えられた。そこで、買手は三年間の不透明期間の業績達成リスクを売手にも分担してもらうこととした。M&A契約時に買収代金の七割を支払うが、買収後三年間のアーンアウト期間を設け、残りの三割は初回支払い後三年間で三回の分割払いで支払うことにした。また、アーンアウト期間中の分割支払額は、利益計画の達成率に応じて変動するものとした。

アーンアウト・スキームによる買収代金の支払いは、アメリカにおいてベンチャー企業を買収する際によく用いられている手法といわれている。ベンチャー企業は将来の利益成長が企業価値の大部分を構成するので、買収代金の一部は実際に利益が成長したのを確認してから買収契約後に支払うスキームとするのである。利益計画達成を条件とするもののほかに、開発中の新薬の認可取得、新技術の特許取得などを条件とするものもあるとされている。アーンアウト期間は通常二年から四年程度である。

日本企業も外国企業の買収にあたって、もっとアーンアウト・スキームを活用するようになれば、海外M&Aの成功率も上昇するのではなかろうか。ただし、後述するように、M&A後、売手株主がターゲット企業の経営陣のなかに残っている場合、アーンアウトの利益目標を達成するために無理な経費削減をして、ターゲット企業の企業価値を毀損する可能性があることに注意する必要がある。

11 各種契約のドキュメンテーションからクロージングまで

(1) 株式譲渡契約書によるリスク回避

デュー・ディリジェンスの結果、買手がターゲット企業のリスクを洗い出し、十分にリスクを把握したつもりでも、すべてのリスクを網羅できているとは限らない。そもそもデュー・ディリジェンスは二週間から三週間程度の限られた期間内で、買手のフィナンシャル・アドバイザーが専門家を使って実施するものである。売手が意図的に虚偽の申告または粉飾等でターゲット企業の実態を周到に隠蔽していた場合、デュー・ディリジェンスで発見できないケースもありうる。

要するにデュー・ディリジェンスは万能ではないので、それでカバーしきれないリスクを株式譲渡契約書で回避する。

株式譲渡契約書で買手のリスクを回避するための条項は、「状況の重大な悪化」(material adverse change）条項と「表明と保証」（representations and warranties）条項である。

「状況の重大な悪化」条項とは、SPA調印からディールのクローズ、すなわち、買収対価の支払いとターゲット企業株式の取得が完了するまでにタイムラグがあるので、その間にM&A当事者のいずれか、または双方に状況の重大な悪化があった場合、買手がペナルティーなしで、M&Aのクローズをしないことが認められる条項である。予期しない経済恐慌等が「状況の重大な悪化」（material adverse change）に含まれる。ただし、この条項についてはSPAにおいてmaterial adverse changeの定義と対象を明確にしておくことが重要である。

「表明と保証」は、買手のリスク回避にとって最も重要な契約条項である。売手が買手に対し、財務諸表の諸計数、訴訟記録、コンプライアンス状況など開示した情報に虚偽がないことを表明し、仮に表明違反が生じ、買手に損失が発生した場合には損失額の一部を補償することを約束するものである。もっとも、損失の全額が補償されることはなく、買収完了後一年から三年程度の期限を区切り、買収金額の一〇％から二〇％を上限として売手が買手に補償するというのが通常の取決めである。

補償の免責額を設定する契約もある。たとえば、免責額を一万ドルとすると、一万ドル超の損失について一万ドルを超えた部分だけを補償することになる（損失額が五万ドルだったら補償額は四万ドルとなる）。また、買収完了後の買手に対する補償支払いを担保するために、買収代金の一〇％から二〇％を"escrow account"という留保金勘定に入金し、補償支払いは留保金勘定より引き落とすという仕組みが欧米のM＆Aではよく利用されている。

こう説明すると、「表明と保証」条項は当然のごとくSPAに盛り込まれるという感覚をもつかもしれないが、実は「表明と保証」条項の一字一句が買手側と売手側の体力勝負のハードな交渉の対象となる。SPAの「表明と保証」条項の文言に合意することは、M＆A交渉で最もエネルギーを使う場面であり、海外M＆Aでは交渉が徹夜になることもよくあることである。

東京の事業会社で海外M＆A交渉を行っていたときのことである。最終局面になってSPAの「表明と保証」文言のわずかな違いをめぐって売手であるニューヨークの投資ファンドとの交渉が難航し、東京時間午後一〇時（ニューヨーク時間当日朝九時）に始まった電話会議を翌朝七時（ニューヨーク時間午後六時）まで続けて、ようやく決着したことがある。ロンドン在勤時、懇意にしていた七〇歳を超える大手法律事務所のシニア・パートナーと昼食を一緒にした時、彼が「今晩はＳＰＡ交渉があるのでおそらく徹夜になるだろう」といっていたのを覚えている。

なお、最近ではＳＰＡに売手との交渉に手間がかかる「表明と保証」条項を入れるのではなく、買手が「表明と保証」保険を損害保険会社から買うということも行われ始めたようである。特に投資ファンドは毎年一定の利回りを実現することを表明して投資家から資金を集め、実際に毎年、複数の投資先の売却益を実現して投資家に利益を分配しているため、投資先を売却した後、「表明と保証」条項の履行のために売却益が減るような事態を極端に嫌う。筆者はある海外投資ファンドに投資先の買収を打診したところ、「当社は投資先売却にあたり、ＳＰＡに表明と保証をいっさい入れない方針です」といわれて驚いたことがある。このような場合、買手は「表明と保証」保険を検討することも選択肢の一つであろう。

(2) 現地経営者との雇用契約調印

最後に絶対に忘れてならないのは、ＳＰＡ締結と同時に買収した企業の社長および現地幹部とそれぞれ個別に雇用契約を締結しておくことである。雇用契約には、雇用期間、給与、解雇できる条件と退職金額等につき詳細に定めておく。

買収後、ターゲット企業の業績が上がらないときは、社長をはじめとする経営幹部を更迭する必要がある。この場合、雇用契約書に定められた解雇条件が更迭の法的根拠になる。解雇条件には実にさまざまな取決め方があるが、一定期間内（一年から二年）に一定率以上の売上と利益の増加を実現できなかった場合、二年連続して年次予算の達成状況があらかじめ合意された達成率以下であった場合、年次経費と投資額の費消が予算を一定率上回った場合など、後で紛争が起こらないように具体的な数字を明記し、条件を決めておくのがよい。

現地社長の健康状態が悪化した場合にも、解雇ができるようにしておくべきである。日本企業がテキサスの企業を買収した時、現地のアメリカ人社長は学生時代にフットボールの選手で、その時の怪我のために背骨にチタンが埋め込まれており、そのために背中が時々痛んで仕事にさしつかえが出ることがたまにあった。そこで、雇用契約書で診断を受ける病院名とセカンドオピニオンを出す病院名を指定し、健康を理由とする解雇に際して紛争が起こらないように配慮した。

現地経営陣との雇用契約では、税引後当期利益の一定率を現地幹部に配分するというインセンティブ・プランもよく用いられている。たとえば、ターゲット企業の当期利益を一〇〇とすると、三〇は現地経営陣数名にボーナスとして配分することにして、かつ配分率は社長一五%、副社長八%等とあらかじめ決めてしまう。そうすれば、現地経営陣内部で配分に関して争いが起きることもないし、現地社長も幹部に対するボーナス額をどうするかに悩む必要はなくなる。一方で、当期利益の一定率を原資として、現地の社長に部下へのボーナス配布額を決定する裁量権を与えて、現地社長の権限を強化するというスキームもある。

最近、日本企業が買収したイギリス企業において、毎期のボーナス支払いのほかに、疑似ストックオプションを現地の経営幹部に与えて、退職時に現金で支払うというインセンティブ・プランがあった。一〇〇%の株式買収だったために経営努力によって株価に影響を与えることはできないが、毎期のボーナス支払いに加えて疑似ストックオプションを付与することにより、現地幹部による純資産額増加に向けた長期にわたる経営努力を促すスキームである。

いうまでもなく、海外では日本の終身雇用制は通じないので、現地の経営幹部とはわかりやすい雇用契約をＳＰＡと同時に締結しておくことが必須である。ＳＰＡと同時に締結するというところがポイントで、買収完了後にあらためて検討するなどとしておくと大失敗のもとになる。日本企業が外国企業を買収した際、雇用契約を新たに締結せず、そのまま既存の経営陣に経営を任せてしまって、業況が悪化しても解雇できないといったトラブルはいくらでもある。

外国人は日本人と異なり、意気に感じて働く、義理に報いるなどという考えは皆無である。契約に基づく金銭報酬のみがモチベーションであり、「自分だけ、金だけ、いまだけ」が彼らの労働倫理である。この点については冒頭で説明しているが、日本国内で日本人だけを相手にしてきた企業の経営者は思い違いをしやすい。日本人からみれば違和感をもたざるをえないが、良い、悪いの問題ではなく、文化が異なれば金銭観、労働観も異なるのは当たり前であることを肝に銘じておくべきである。

(3) 公開買付け

公開買付けとは、買手が、ターゲット企業が上場している証券市場（ニューヨーク証券市場、ロンドン証券市場など）において株式買取りの意思と買取価格を公表し、期間を定めて、ターゲット企業の株主から市場外で株式を買い付ける手続である。買手が上場企業の株式の一定割合以上（日本では三分の一以上）を不特定多数の株主から取得しようとする場合、各国の証券法で公開買付けの実施が義務づけられている。

日本企業が外国の上場企業の経営支配権の獲得を目的としてM＆Aを実施する場合、五〇％以上の株式を取得することになるので、ターゲット企業がどこの国にあっても公開買付けを行うことになる。公開買付けにおける買付単価は売手との株式譲渡契約書（Stock Purchase Agreement）で合意した単価であり、公開買付けにおいても基本契約書は“Stock Purchase Agreement”と呼ばれる。

公開買付けは、ニューヨーク市場では“Take Over Bid”、ロンドン市場では“Public Offer”と呼ばれることが多い。実際の買付手続は、それぞれの市場で証券業務免許をもっている証券会社が買手にかわって代行する。買手は目標とする株式数に買付単価を掛けた買収代金をあらかじめ証券会社に支払えば、証券会社が公告および不特定株主からの買付けと代金支払手続を代行してくれる。

株式一〇〇％の買収を目的とした公開買付けで、買付けに応じない少数株主がいる場合、国によって若干規則が異なるが、買手は少数株主から公開買付けと同じ価格で強制的に株式を買い取ることができる（"squeeze out" と呼ばれる）。

公開買付けに際しては、各国の証券市場で買手による公告と届出の方法等に関する実に詳細な規則があるので、現地の弁護士と証券会社にまず相談すべきである。それぞれの市場で経験のある大手証券会社に依頼すれば、証券会社は買手の手をあまり煩わせずに公開買付手続を進めてくれる。

(4) クロージング

売手企業が非上場企業の場合、クロージングは通常、双方の弁護士の立ち会いのもと、買収代金の支払いに対し、対象企業の株券が手渡され、株券には新株主の名前が記される。アメリカでは、買収代金の支払いと株券の引渡しの同時履行を確実に行うために双方の弁護士が管理するエスクロー口座（escrow account）を金融機関に設け、ここに買収代金を送金するという方法もとられている。

12 買収後経営とシナジーの実現

(1) アフターM&Aの重要性

これまで海外M&Aの進め方とステップごとの注意点を説明してきたが、いうまでもなく、海外M&Aの目的は買収後経営を成功させて、所期のシナジーを実現することにある。M&Aの完了は、買収後経営のスタートにすぎないのである。

M&A完了までの手続と交渉に多大なエネルギーと時間を要するため、往々にしてM&Aの完了が自己目的化してしまい、M&Aが終わったところで安心してしまう経営者が多いが、これは大きな思い違いである。買収後経営を成功させ、これを継続していくことこそが、ゴーイング・コンサーンである事業会社の目的である。買収後経営の成功こそがM&Aの目的であり、すべてであるといっても過言ではない。

派手なM&Aを発表し、マスコミの耳目を集めたところで、仕事が終わったと勘違いし、買収後の経営には関心がなく部下任せという考え方が買収後の大失敗を招く。買収前のデュー・ディリジェンスでリスクを発見し、これを取り除いたつもりでも、買収後に新たなリスクやクライシスが出てくる例は枚挙にいとまがない。筆者はこれまで海外のM&Aに数多く携わってきたが、やはり最大のリスクはM&A後の現地子会社の経営統合リスク、すなわち、買収前に計画した買収後のシナジーをいかに実現するかだと思う。

しかも、海外M&A実行後のリスクまたはクライシスは、買手およびそのアドバイザーのレピュテーションを損なうため、買手企業は大型・著名事案を除いてネガティブ情報を社内秘扱いとし、社長と担当役員以外には詳しく知らせないことが多い。このため、M&A失敗事例に関する情報の共有と対策ノウハウの蓄積は日本の企業間でなかなか進んでいないのが実情である。

そこで、以下では、筆者が遭遇したり、間近で見聞したりした具体的な事例を紹介したうえで、買収後経営のリスク回避策と成功のポイントについて考察してみたい。買収した外国の企業を子会社化し、グループ会社の一つとして円滑かつ効率的に経営し、計画されたシナジーを実現していくためには、買収前および買収後に打っておくべき手と、基本的な考え方がいくつかある。

(2) 買収後経営リスク例と対策

【事例1】 経営権の過度の委譲

邦銀が買収したアメリカの地場中堅商業銀行は、買収後も創業者である現地の頭取に経営を委ねたため、親銀行の経営支配が脆弱となり、結果的に買収した銀行の収益が悪化した。現地の社外取締役には、社会的地位はあるが、実務に経験のない人を「ハクつけ」のために選任し、取締役会が機能しなかったといわれている。

買手の邦銀は経営の現地化という理想を求めるあまり、現地頭取に権限を与えすぎて、それをチェックする体制がなかった。経営の主要ポストおよび取締役に銀行経営の実務経験があり、株主の統制が効く人材をあらかじめ配置しておくべきだったと考えられる。新聞や経済雑誌などで、「グローバル化を推進するためには、海外の現地法人に大幅に権限を委譲することが必要」という発言をよく見聞きするが、委譲することはリスクだらけだということを知っておく必要がある。

【事例2】 内部不正

日本のブランド衣料専門商社がイギリスのブランド衣料製造・販売会社を買収した後に

内部告発があり、グラスゴーにある当該企業の主力工場の現地人工場長が原料仕入先から長い間、リベートを受領していたことが発覚した。この工場長は不正発覚後、逃亡してしまい、現地従業員の間に動揺が広がった。現地人工場長は、親会社経営陣からの信頼の厚い人物であったが、リベートを個人で現金で受け取っていたため、内部告発まで親会社は気がつかなかった。

現地に派遣されていた日本人社長は気さくな人柄で、買収した現地企業の一般従業員にも信望があったため、内部告発情報を早期に入手・確認し、対策を立てることができた。事件発生後、従業員より社長宛てのホットラインを開設し、不正情報だけではなく、優良提案も集めることとした。その後、この子会社は親会社グループの内外子会社のなかで最大の利益をあげ、グループの収益を支える存在となった。

【事例3】 訴訟リスク

日本の工作機械メーカーのアメリカ現地法人が、地場販売代理店に新製品を十分に供給しなかったため、その販売代理店が日本の親会社を告訴した。この代理店は長年、日本の工作機械メーカーの代理店となっており、現地の代理店社長は信頼していた日本の老舗メーカーに裏切られたという思いが募っていた。現地法人は大手販売代理店に新製品を優先的に供給し、小体の販売代理店には十分に新製品を提供しなかったため、利益が逸失したと主張された。現地法人は親会社に報告せずに解決しようとしたために余計に話がこじれ、訴訟に至ったものである。

親会社の取締役が原告の販売代理店社長と現地で直接交渉し、一定数の新製品供給とマージンを三年間確約することにより示談で解決した。北米の場合、訴訟がらみのトラブルは親会社を巻き込んだ長期の訴訟に発展する可能性もあるので、早期の示談による解決が望ましい。そのためには、現地法人において訴訟につながる可能性のあるトラブルを親会社にすみやかに報告させる体制を確立する必要がある。親会社が訴訟を受けているのに、初期対応を現地に任せてしまうケースもよくあるが、親会社の取締役レベルの責任者が現地で迅速に対応すべきだろう。

【事例4】 現地経営陣の人事抗争

日本企業がベルギーの企業と買収交渉中、社長と副社長の不和が原因でクライシスを招いたケースがある。社長はベルギー人で管理部門が長い、雇われ社長であったが、副社長はギリシャ人で技術の専門家であった。二人とも株主ではなかった。この二人は以前から折合いが悪く、何かにつけて衝突していたようであった。

社長は日本の買手企業には愛想がよく、買収交渉中も買手企業の意向に沿う動きをしていた。したがって、買手の日本企業としては買収後もベルギー人の社長に続投してもらうつもりでいた。一方、ギリシャ人の副社長は、自分が技術の責任者であり、会社の成長に貢献してきたのに、社長は買手の日本企業にペコペコすることにより、買収後の社長ポストをねらっているといった不満を募らせていた。実際にベルギー人社長の勤務ぶりは一日実働四時間くらいで怠惰であった一方、ギリシャ人副社長の精勤ぶりと社業への貢献は社内のだれもが認めるものであった。

買収交渉が続くなか、ギリシャ人副社長は買手の日本企業の社長に直訴し、自分のほうが買収後の社長にふさわしく、買手企業とのシナジー実現に貢献できると主張した。また、自分が買収後に社長になれないなら、技術部門の部下を率いて独立すると訴えた。社長と副社長のこうした対立は社員を巻き込み、社内が動揺した。

買手の日本企業は考えたあげく、買収後一年半は現社長が続投、その後はギリシャ人副社長を社長に就任させるという、いわば折衷案を提示し、それぞれと雇用契約を結び、クライシスを回避した。結果的には折衷案で二人と雇用契約を締結できたわけだが、ベルギー人社長とは合意に至るまで、深刻で骨の折れる交渉を現地で続けたのを覚えている。

本案件では、買収交渉が一一月に始まり、最終的にクローズしたのが翌年の七月というように交渉期間が長すぎたのも問題が起こった要因であろう。

買手企業は買収後、ターゲット企業内の情報チャンネルをさらに拡大するとともに、社長候補を複数育成するのがよい。ターゲット企業の技術、営業等の各部門においてだれがキーマンかをまず把握し、キーマンの動向をチェックしておくことが必要である。買収前のマネジメント・インタビューを十分に行うことが手がかりになる。

【事例5】 買収後の過剰リストラ

日本企業が買収したカナダ企業の社長は、同社株式の売却価額を引き上げることをねらって、買収前のビジネスDDで提示した事業計画において高すぎる利益目標を設定した。そのため、利益目標を達成すべく、日本法人が同社を買収した直後に経費削減を目的として全社員二〇〇名のうち、非正規従業員四〇名を解雇した。その結果、新しい製品開発が大幅に遅れ、売上と利益も達成できないという悪循環に陥った。

この社長はターゲット企業の売手である大株主の一人であり、買収にあたっては買収後のターゲット企業の業績を反映した一定の算式で計算した額を四年間にわたって毎年追加的に支払うというかたちで売却代金の一部を支払う契約だったため（前述したアーンアウト条項）、無理に短期的な収益を確保しようとしてしまった。

売手株主が現地経営陣である場合、M&A後の経営に無理が生じがちなので、アーンアウト条項は入れないほうが無難なケースが多い。ただし、買手にとっては買収時の支払金額を減らせるメリットはある。親会社としては、買収した子会社の生産能力の実態を常に正確に把握する必要がある。

【事例6】 親会社のルールの押し付け

日本企業が日本の経営コンサルタントのいうままに、買収したアメリカの小体の子会社に対して細かなリスク管理体制とコンプライアンス体制を導入しようとしたが、現地の社長と経営幹部の反発を招き、親会社に対する不信感が高まってしまったという事例もある。小体の現地子会社にとっては新製品開発力の強化が先決であり、経営の優先事項が親会社とは違っていたのに、親会社の管理部門が子会社の実情を知らないまま親会社のルールを押し付けてしまった。

親会社の経営者としては親会社の各部門が子会社に何を要求しているのかを全社的に把握し、子会社の限られた経営資源を、優先順位をつけて利用するよう心がける必要がある。大企業の場合、各部門は部門ごとの目標を優先しがちで、海外子会社の実情を理解していないことがあるからだ。また、そもそも最初から完全なリスク管理とコンプライアンスを目指すと、大きなコスト増加要因になる。「コンプライアンス不況」という言葉もあるくらいだ。対象企業の所在国、業種、経営資源を勘案し、必要最小限のものから導入するほうが効率的だろう。

【事例7】　新規営業活動の停滞

日本企業が中国の販売会社を買収した。現地の販売子会社では既存製品の販売が堅調で黒字のボトムラインが維持できていたため、現地スタッフによる新規先開拓活動が停滞し、マーケットシェアが徐々に低下して成長が鈍化した。親会社は当該販売子会社と円滑にコミュニケーションをとっていると思っていたが、実際には長い間その状況に気がつかなかった。そこで、子会社の経営計画に新規開拓件数と新規契約金額を盛り込むこととし、その実績を毎月親会社がチェックすることにした。黒字を維持していても、現地の競合他社と比べてマーケットシェアが低下していないか、成長戦略をチェックする必要があろう。

【事例8】　現地社長による不正

日本の大手企業が現地資本と合弁で中国の上海に現地法人を設立し、日本から中国籍の女性社長を派遣した。ところが、彼女は密かに現地で別会社を設立し、別会社を経由して現地法人の手数料を一部横流しするようになった。内部告発とそれに伴う親会社による監査で発覚したが、現地法人の売上だけは順調に成長していたこともあり、発見が遅れた。別会社を通してマージンを抜くことはよくある不正の手口で、これをチェックするには当該現地法人の利益率の水準を現地の競合他社と比較してみる必要がある。特に売上は増えているが利益率は低いという場合、経費の支払いが一社に集中している場合、営業利益率が同業他社比で低い場合などは、まずは現地法人の経営者による不正を疑ってみるべきだ。

【事例9】 効率化施策の失敗

本事例は日本国内におけるM&Aだが、海外の買収した企業でもよく起こるケースである。ある日本企業が国内の飲料メーカーを買収後、新社長として外資系の飲料メーカーから引き抜いて採用した人材を派遣した。ところが、その新社長が短期的な収益改善を急いで工場の製造ラインの人員削減と、品質管理工程の効率化を進めたため、事故が多発し、工場従業員のモラルが低下し、顧客からも品質に関するクレームが多発するようになった。

新社長による過度な効率化施策の実行には注意を要する。親会社の経営陣としては子会社のトップの意見だけを聞かず、現場の意見にも十分に耳を傾け、総合的に判断することが必要であろう。特に製造業の場合、工場現場の意見は貴重で、業績改善を急ぎすぎないことが肝要だ。買収された会社に外部から招かれた社長は報酬アップをねらい、短期的な業績を上げることに注力しがちである。

(3)　M&A後のリスクとクライシスを防ぐ対策とは

ここまで述べてきた内外のM&A完了後のリスクとクライシスの具体例を受けて、買収後経営を成功に導くための対策を考えてみたい。

a　実態把握

筆者が長年勤務した銀行では、与信審査にあたって最も重要なことは、与信対象先の実態把握と、経営者の資質を見抜くということとされ、この原則が与信担当者に対して徹底して教育されていた。海外M&Aとその後の経営コントロールにあたっても、この原則は有効である。買収した企業の生産、技術開発、営業活動、そこで働く人材などさまざまな側面から実態を正確に把握すべきである。また、企業は生き物であり、いったん把握したつもりの実態も日々変化していく。それに加え、現地社長以下、経営陣の考え方と性格、人間関係をよくつかんでおくことも欠かせない。海外子会社の場合、日本の親会社からの距離と言葉の壁により、実態を把握することは国内子会社よりはるかにむずかしくなる。

b　コミュニケーションパイプの複線化

海外子会社の実態をつかむためには、まず子会社のトップが親会社に伝えることをそのまま信用しないことだ。親会社の幹部および海外子会社の管理担当者は、買収した子会社のナンバー・ツー以下の経営幹部および一般従業員とも円滑にコミュニケーションをとれる体制を築き、コミュニケーションパイプを複線化し、内情と実態と日々の変化をよく把握することが重要である。

買収した子会社との情報チャンネルを多様化しておくことは、内部不正の発見と予防の決め手ともなるし、買収先が製造業の場合、製造現場との情報パイプを確立しておけば、子会社経営陣による効率化施策の現場への影響を把握して、親会社としてバランスのとれた判断が可能となる。前述の日本とカナダの【事例5】でも、子会社社長による効率化施策に対して、親会社が生産能力の実態をよく把握しておけば、行き過ぎた効率化をストップすることができたはずであった。

筆者は投資ファンド在籍時、複数の投資先企業の社外役員を務めていたが、投資先の社長の株主向けの公式説明と、現場からの意見がまったく正反対であることがよくあった。日頃から現場との接触を続け、コミュニケーションパイプの複線化を実践していれば、実態把握とそれに基づいたバランスのとれた経営判断が可能となる。

c　経営の現地化を急がない

日本企業にとって海外子会社の経営の現地化は理想形ではあるが、経営を現地化しても海外子会社のコントロールを維持するだけの体制・人材等が親会社に十分にない場合（大半の日本企業がこの段階だろう）、現地トップをそのまま信用せずに、親会社が経営判断の主導権を維持しつつ、現地化を徐々に進めるべきである（【事例1】参照）。事実、日本の大企業が鳴り物入りで採用した現地法人の大物トップが業績を上げられずにすぐやめる事例は後を絶たない。

d　買収後の短期リストラは控える

買収後、短期的な収益の向上を目指して人員削減やコスト低減等を実施すると、必ず売上や品質に負の影響を与え、結果的に長期的利益とレピュテーションを損なうことになる。【事例5】や【事例9】がその例である。事業会社によるM&Aの場合、買収した会社とのシナジーを最大化することが買収の最大の目的であり、親会社を含めたグループ全体での長期的な利益を優先すべきである。

e　訴訟リスクには迅速、果断に対応し、示談の道を探る

訴訟リスクを未然に防止するため、トラブル情報を親会社と海外子会社が共有する体制を構築しておくべきだ。実際に訴訟が提起された場合は、まず示談による解決の道を求めるのがよい。海外での訴訟は親会社のリスクに直結するので、子会社任せにせず、親会社の役員クラスの迅速、果断な行動が求められる（【事例3】参照）。

f　親会社ルールをそのまま押し付けない

たとえば、リスク監査とコンプライアンス体制の導入を厳格に行いすぎると、かえって

子会社のモラルが低下し、生産性を損なうことがある。リスク監査とコンプライアンス体制はポイントを絞って導入すべきである。親会社と子会社の経営資源には大きな差があることをまず理解する必要がある。親会社のルールをそのまま押し付けると、現地経営陣の反発を買うことが多いので、時間をかけて現地の実情にあわせて導入していくのがよい（【事例6】参照）。

g　日本との文化の差を認識する

第2章で述べたとおり、筆者はこれまでの経験から、日本人のカルチャーとものの考え方は、外国の人とは大きく異なっているのではないかと感じている。これはどちらが良い、悪いという問題ではなく、この違いを常に念頭に置いて、海外の買収子会社に接するべきである。カルチャーの差は、企業の行動と考え方の差につながる。グローバル化という耳当たりのよいスローガンに引きずられずに、自社の強みを、どうすれば買収した海外の子会社に根づかせることができるかをよく考えるべきである。日本の親会社が海外子会社の経営陣を教育していく必要もあるだろう。

第4章

日本企業による海外M&Aの成功例

外国企業の買収後、仮にリスクやクライシスが発生しても、親会社の経営陣が一丸となり、果断かつ忍耐強く対策を実施すれば、それらを乗り越え、何年か後にはM＆Aを成功に導くことができる。こうした成功例を筆者はいくつも見聞きしているし、自分でも体験している。最後に日本企業が海外M＆Aで成功した例をあげて、成功の要因を考えてみたい。

1 日本たばこ産業（JT）による海外たばこ事業買収

日本たばこ産業（JT）は一九九九年五月、RJRナビスコのアメリカ以外の海外たばこ事業であるRJRインターナショナルを約九四〇〇億円で買収し、海外たばこ事業に本格進出した。なお、JTの最初の海外買収は一九九二年、イギリスのマンチェスタータバコを約一二億円で買収したものだが、これは売上規模から考えて、海外への本格進出とはいえない案件であった。

JTはRJRインターナショナルを買収後、同社をスイスに本社を置くJapan Tabaco International（JTI）と改名、JTグループの海外たばこ事業の中核子会社とした。その後、二〇〇七年四月、公開買付けでイギリスの上場大手たばこ会社、ギャラハーの株式一〇〇%を約二兆二五〇〇億円で取得した。この買収金額はソフトバンクによる二〇一六年のイギリスのアーム社買収（三兆三〇〇〇億円）、二〇一三年の同じくソフトバンクによるアメリカのスプリント・ネクステル買収（二兆六〇〇〇億円）に次ぐ。

ＪＴはギャラハー買収後、二〇〇七年八月中にＪＴＩとの統合作業をスタートさせ、同社とＪＴＩを迅速に一体化した。その後、二〇〇九年から二〇一六年までの間にブラジル、スーダン、ベルギー、エジプト、ロシアなどで一〇件の海外Ｍ＆Ａおよび出資を実施し、中国を除くすべての海外たばこ事業をジュネーブのＪＴＩが担っている。現在、ＪＴＩは世界各国に三六四事務所、三〇工場、八研究室を所有し、一〇〇カ国以上の国籍で構成される社員数は二万六〇〇〇人に及ぶ。うち日本のＪＴ本社からの出向者は二〇〇人である。

ＪＴのＭ＆Ａが大成功していることは、ＲＪＲインターナショナル買収後、海外たばこ事業を急速に拡大させ、同社を買収した一九九九年から二〇一四年までの一五年の間で海外たばこ事業のＥＢＩＴＤＡ（営業利益＋償却費）年間平均成長率が一六・八％に達していることから明らかである。また、海外たばこ事業は二〇一五年一二月期にはＪＴグループ全体の売上の五八％、調整後営業利益の五五％を占めるに至っている。

長年、内需を基盤としていた老舗巨大企業が、大型Ｍ＆Ａの結果、一五年間で売上と収益構造を完全に外需型に変換することに成功したのである。しかも、この間、利益は一貫して高成長を遂げている。ＪＴの海外Ｍ＆Ａは売上成長率、利益成長率ともに大成功であったといえよう。こうした成功の要因は、次の六点と考えられる。

①　ギャラハーのＪＴＩへの統合計画を周到かつ迅速に策定し、クロージングから四カ月後には統合作業をスタートし、これを成功させた。その結果、海外たばこ事業のプラットフォームが完成し、以後、この体制を核にして海外たばこ事業を拡大していったこと。

②　ギャラハーの買収完了前に同社経営陣全員の面接を実施し、幹部人事を決定し、ＪＴ本社による経営支配権を確立したこと。

③　ＪＴＩの責任と権限を明確化すると同時に、ＪＴ本社からＪＴＩの意思決定を常時モニタリングできる電子的システムを確立したこと。

④　ＪＴとＪＴＩの役員間で円滑な意思疎通が行われていること。

⑤　ＪＴ経営陣が海外進出の気力と体力を持ち続けたこと。

⑥　事業戦略策定にあたって外部コンサルタント等に頼らず、自社内で徹底的に議論したうえで決定した戦略を、経営陣が責任をもって実行に移したこと。

以上の成功要因をまとめると、周到な計画と準備、その迅速な実行、親会社による人事権の掌握、権限移譲と親会社によるモニタリング、円滑な意思疎通、経営陣の強力な意思ということになる。こうした要因は買収金額の規模とは関係なく、どんな規模の海外M&Aにも適用できるはずだ。マスコミが詳しく報じない、非上場企業の小規模な海外M&Aでも、こうした素晴らしい大成功事例はすでに多くあるはずで、そうした事例では右のような要因が働いていると思う。そうした成功例をほかの日本企業が鑑として学び、経営者が自信をもって自社の海外M&Aに応用していけば、日本企業の海外M&A成功率も向上していくだろう。

2　ブリヂストンによるファイアストンの買収

ブリヂストンは一九八八年五月、ファイアストンの全株式を約三三〇〇億円（二五億ドル）で買収した。ファイアストンは買収完了直前の一九八八年四月に、大口納入先であるGMからタイヤの調達を打ち切ると通告されており、買収後経営は最初から苦難の連続だった。ファイアストンは開発力の不足や設備の老朽化が進む一方、労使関係も最悪の状態が続いていた。買収後、ブリヂストンはファイアストンの実態調査を行い、一九八八年一一月に三年間で同社に一五億ドルを投資する内容の再建計画を発表、同年一二月に六億ドルの増資を引き受けた。

一九九〇年五月にはファイアストンが米国ブリヂストン社を吸収合併し、ブリヂストン・ファイアストン・インク（ＢＦＳ）に社名を変更したが、この年の決算は三・五億ドルの赤字となった。一九九一年三月にブリヂストンの海崎副社長がＢＦＳのＣＥＯに就任、再建策を次々と実施し、一九九三年度には年間黒字化を達成した。

ところが、一九九四年七月、労働協約の規定をめぐって全米ゴム労組がBFSにおけるストライキを開始した。長期化したストライキに対して一九九五年三月、当時のクリントン大統領は「恒久的スト代替要員を雇用する事業所を連邦契約から排除する」という大統領令に署名し、ブリヂストンに政治的圧力をかけた。これに対し、BFSは「大統領令は、経営者がスト代替要員を雇用する合法的権利を侵害しており、違法である」として訴訟を起こし、大統領令は違法との判決を勝ち取った。この結果、一九九五年五月に会社側勝利でストは終結した。

その後も二〇〇〇年八月に欠陥タイヤのリコール問題が発生し、BFSは六五〇万本のタイヤのリコールを余儀なくされ、同社の二〇〇〇年一二月期の当期損失は五・一億ドルに達した。アメリカのマスコミにも叩かれ、ファイアストンの買収は失敗だったと評された。

このようにブリヂストンによるファイアストンの買収は一九八八年の買収以来、危機の連続だった。しかし、ブリヂストンはこうした障害を一つひとつ乗り越え、二〇〇二年以降、BFSの収益は復活した。ブリヂストンの確固たる長期戦略に基づいた経営陣の忍耐と努力が実を結んだのである。

現在ブリヂストンは世界一のタイヤメーカーとなり、アメリカでの売上は一兆二〇〇〇億円を超えている。ファイアストン買収の成功なくして、ブリヂストンが世界一のタイヤメーカーになれなったことは明らかであり、ファイアストンの買収は現時点からみれば、まれにみる成功である。しかし、二〇〇〇年一二月期の段階で現在の大成功は見通しにくかったと思われる。

ブリヂストンという名門優良企業の優秀な人材による超大型海外M＆Aの大成功例となると、あまり自社の参考にはならないのではないかと思われる向きもあろうが、以上のストーリーから、企業規模あるいはM＆A規模の大小とは関係なく、次のことがいえるのではなかろうか。

①　事業会社の海外M＆Aの成否を判断するには長い時間が必要であり、買収後、数年では判断できない。買収後七年経った一九九五年三月時点（労働争議中）、あるいは一二年経過した二〇〇〇年一二月時点（大量リコール中で大赤字）で、だれがブリヂストンの現在の成功を見通しえただろうか。当時の多くのマスコミ記事は日米とも、ブリヂス

トンのファイアストン買収は失敗であったと断じている。

② 事業会社にとって、海外M&Aは長期の設備投資あるいは研究開発投資と似た性格の投資であるので、投資の回収には当然時間がかかり、経営者も投資回収まで忍耐とたゆまぬ努力が要求される。

③ 政治的圧力や危機に対しても狼狽しない経営陣の気概と執念が結果的にM&Aを成功させる。

④ 自社の技術力や強みを絶え間なく向上させ、これを買収した企業に伝えることがM&A成功につながる。

3 三菱銀行によるバンクオブカリフォルニア買収

一九八三年、当時の三菱銀行は約六七〇億円でカリフォルニアの大手地場銀行、バンクオブカリフォルニアを買収した。カリフォルニアを基盤に全米でユニバーサルバンキングを展開するという長期展望のもとに買収したのである。当時は邦銀のM&Aによるアメリカ進出が続き、各行は競って地場金融機関の大型買収を進めていた。富士銀行はヘラー、第一勧業銀行はCITという企業金融会社（ノンバンク）を買収し、アメリカのミドルマーケットでの貸出業務への進出を図った。三井銀行、三和銀行、住友銀行はカリフォルニア現地法人の拡大方針をとっていた（以上、邦銀はいずれも当時の行名）。

三菱銀行と東京銀行が一九九六年に合併した結果、両行のカリフォルニアにある子銀行も合併することになり、バンクオブカリフォルニアはユニオンバンクと行名を変更し、カリフォルニア内の支店数を一挙に増やした。平成バブル崩壊を経て、他の邦銀はアメリカの現地法人を売却し、アメリカでのビジネス拡大戦略から転換したが、東京三菱銀行は一貫してユニオンバンクの拡大に努めた。ユニオンバンクは二〇一〇年以降もアメリカの地場銀行の買収を続け、リテールバンキング業務拡大による安定したドル資金の調達というバンクオブカリフォルニア買収時の方針を堅持した。

バンクオブカリフォルニア買収から三一年を経た二〇一四年、ユニオンバンクを核として、三菱東京UFJ銀行グループのアメリカ事業が統合され、ユニオンバンクと同行の在米支店が一体化された。その結果、三菱東京UFJ銀行グループは他の邦銀に比べて米ドル調達コストが低下し、グループ全体の利鞘拡大が実現すると同時に、ユニオンバンク（統合後は MUFG Union Bank, N.A. に変更）として他の米銀と同じステイタスになり、あらゆる銀行業務が提供できるようになった。

ユニオンバンクの預金規模は現在では全米二〇位に位置し、旧三菱銀行がバンクオブカリフォルニア買収時に描いた、全米でユニバーサルバンキングを展開するという理想を、邦銀で唯一実現したのである。こうした成功の要因は、M&A当初の正しい長期展望を、経済環境や競合他行の動向に振り回されずに貫き、長い間努力を重ねたことである。また、この事例は、海外M&Aの目的達成にはケースによっては三〇年以上という長い年月が必要であることも示している。

現在はやりのＲＯＥ（自己資本利益率）向上は、株主の短期的な利益を優先し、長期戦略に基づいた技術開発投資や人材育成を後回しにするものである。企業は永続的繁栄を前提としているのであるから、短期株主のために長期投資を犠牲にしてはならない。短期株主と同様、マスコミもきわめて短期の視点からしかものをみていないので、経営者はマスコミの論調に振り回されることのないように注意すべきであろう。

あとがき

本書を一読して、これまでむずかしいと思い込んでいた海外M&Aを意外とやさしいと感じることができるようになっただろうか。また、本書を読んだ事業会社の経営者のなかには、これまでフィナンシャル・アドバイザー（FA）に払っていたアドバイス料が高すぎると思われた方もいるのではなかろうか。

海外M&Aは基本的な進め方と各ステップにおける注意点がわかれば、通常のビジネス判断よりむずかしくないはずである。M&A業界は顧客にM&Aをむずかしいと思い込ませて、高すぎるフィーをとっているのではないかと筆者は考えている。これは他のコンサルタント業界でも事情は同じである。経営者の知識の乏しさと自信のなさに付け込んでいるのである。

経営者が自信をもち、第3章で述べた海外M&Aの進め方と注意点を頭に入れ、第4章で述べた気構えを長い間維持できれば、海外M&Aはきっと成功する。日本企業は日本特有の長期経営の考え方とその企業独自の技術力を提供することにより、買収した海外企業をゴーイング・コンサーンとして繁栄させることができるのである。

筆者は銀行勤務、転出後の投資ファンド、事業会社、現在のリスクコンサルティング会社での勤務を通じ、ずっと海外M&Aに携わってきた。銀行勤務時代にはアメリカとイギリスで、上場企業の株式公開買付けに携わった。投資ファンドでは、取締役を務めていた投資先企業の外国企業への売却を自らの手で行った。事業会社勤務時代は、北米と欧州における三件の海外M&Aの入口からクロージングを経て、株主派遣の取締役として現地での買収後経営にまで関与する機会があった。

おかげで、海外M&Aの入口から出口あるいは買収後経営まで、すべてのプロセスを自ら直接現場で体験することができた。海外M&Aはステップごとに専門家が異なるため、入口から買収後経営まですべてを経験した日本人はそう多くはないのではないか。そこで、長年の実務経験から得た知見とノウハウを公開し、日本企業による海外M&Aの成功と日本の国富増大にいささかでも貢献したいというのが本書執筆の動機である。

海外M&Aは一見複雑で、高度な専門知識が必要と思われがちだが、全体の流れを把握したうえで、必要情報を十分に集め、各分野の専門家を使いこなし、企業人として常識的な判断を重ねていけばクローズできる。問題は、買収後経営である。買収後経営を成功させ、所期のシナジーを予定どおりのスケジュールで実現することができるかどうかで、職業人としての力量が問われるのである。読者が本書の知識を実地に応用し、海外M&Aと買収後経営を大成功に導くことを期待したい。

最後になったが、本書刊行にあたっては、一般社団法人金融財政事情研究会出版部の花岡博部長と同会「週刊金融財政事情」編集部の田中弘道記者に懇切なアドバイスをいただいた。この場を借りて、両氏に深甚なる謝意を表したい。

平成二九年一月

杉山　仁

事項索引

■著者略歴■

杉山　仁（すぎやま　ひとし）

1972年一橋大学卒、旧三菱銀行（現三菱東京UFJ銀行）入行。米英にて11年間勤務し、海外M&Aに従事。2001年転出後、大手企業投資ファンドと上場事業会社で買収後経営と海外M&Aに携わる。海外を含む投資先企業（15社）の会長や取締役を歴任し、海外M&Aに加え、内外の子会社経営や買収後リスク対応の経験が豊富。現在、M&Aリスクコンサルティング会社であるJPリサーチ＆コンサルティングの顧問を務める。

KINZAIバリュー叢書
日本一わかりやすい海外M&A入門

平成29年3月30日　第1刷発行

著　者　杉　山　　仁
発行者　小　田　　徹
印刷所　三松堂印刷株式会社

〒160-8520　東京都新宿区南元町19
発　行　所　一般社団法人 金融財政事情研究会
編　集　部　TEL 03(3355)2251　FAX 03(3357)7416
販　　　売　株式会社きんざい
販売受付　TEL 03(3358)2891　FAX 03(3358)0037
URL http://www.kinzai.jp/

ISBN978-4-322-13068-3